JN437587

국제가스연맹에서의

도전의 순간들

(The President's Diary at the IGU)

국제가스연맹에서의

도전의 순간들

초판인쇄 2022년 11월 21일
초판발행 2022년 11월 28일

지은이 강주명·김기현
펴낸이 이재욱
펴낸곳 (주)새로운사람들
디자인 김남호
마케팅관리 김종림

등록일 1994년 10월 27일
등록번호 제2-1825호
주소 서울 도봉구 덕릉로 54가길 25(창동 557-85, 우 01473)
전화 02)2237.3301, 2237.3316 **팩스** 02)2237.3389
이메일 ssbooks@chol.com

ISBN 978-89-8120-648-2(03810)

국제가스연맹에서의

도전의 순간들

(The President's Diary at the IGU)

강주명 국제가스연맹(IGU) 명예회장
김기현 강원대학교 객원교수

새로운사람들

〈추천사〉

오연천 울산대 총장·前 서울대 총장

국제가스연맹(IGU) 회장 임기를 마친 강주명 서울대 명예교수가 펴낸 『도전의 순간들』은 재임기간 중 제기된 난제들을 의연하게 풀어낸 「세계가스산업의 생생한 기록」을 담고 있다.

4년 임기 내내 IGU의 성과 기록을 경신한 강 회장의 탁월한 도전정신은 IGU의 국제적 위상을 한 단계 격상시키는 데 기여했을 뿐만 아니라, 회장국 한국의 존재가치를 심화시키는 데 기여했음이 분명하다. 특히 주요 국가 간 갈등과 분쟁이 빈번한 국제기구에서 초지일관 보편적 이익을 도출하고 실천한 이면에는 강 회장의 상호 배려와 신뢰, 겸허함, 그리고 적극적 입장의 정립과 실천 등에 있어 남다른 투혼을 경주한 결과라고 해석될 수 있다.

이 책의 많은 사례들이 가스 산업계에 종사하는 임직원에게 유익한 참고 교본이 되는 데에만 그치지 않고, 글로벌 무대로 나아가려는 젊은이들과 창조적 가치를 실현하려는 예비 청년 기업가들에게도 귀감이 될 수 있는 내용을 담고 있다.

2022년 5월 한국에서 개최된 WGC 총회를 성공적으로 마무리한 후 학자 본연으로 돌아간 강 회장이 체험한 경험과 축적된 지혜가 지속적으로 우리나라 에너지 산업계의 혁신에 접목되길 기대하면서, 이 책의 정독을 권한다.

임기택 국제해사기구(IMO) 사무총장

강주명 교수는 전 지구적 기후변화와 에너지 전환의 격동 시기에 세계의 대표적 에너지 대변기관인 국제가스연맹(IGU)에서 4년간 회장을 역임했다.

판데믹과 우크라이나 전쟁으로 격동하는 글로벌 에너지 산업 현장의 중심에서 겪었던 어려운 도전들을 한국인의 끈기로 극복한 경험을 책으로 담았다.

이 책에서 기록한 그의 끈끈한 도전과 헌신적 열정은 그것만으로도 하나의 귀감이며, 국제무대에서 활동할 후학들에게 필독서로 적극 추천한다.

〈머리말〉

국제기구 수장의 덕목은 건강과 열린 마음과 소통의 의지

1970년대의 중동 오일 쇼크로 인한 세계적인 에너지 위기를 실감하고, 1981년 미국 오클라호마(Oklahoma)대학에서 석유공학 박사학위를 취득한 후 슐럼버저(Schlumberger)에서 글로벌 석유업계와 인연을 맺었다.

이후 1983년 5월부터 미국 Tulsa대학 교수를 시작으로 2017년 8월 서울대학교 교수를 퇴임할 때까지 35년간 석유·가스·에너지 분야의 교수 생활로 일관했다.

필자가 1986년 5월 서울대학교 공과대학 자원공학과 교수로 발령받은 직후, 처음 참석한 공과대학 교수회의에서 퇴임 교수들의 은퇴식도 함께 진행되었다. 이날 은퇴하시는 거의 모든 교수님들은 눈물과 함께 은퇴사를 읽었다. 아마 그 당시 한국 남자의 평균 수명이 73세였다는 통계수치를 감안하면 이해가 가능하다.

30년이 지난 2017년 8월, 나와 함께 은퇴하는 동료 교수들의 공통된 정서는 "홀가분하다. 제2의 인생을 시작하겠다."고 생각하는 점에서 세상은 건강 의료, 디지털 기술의 발달로 엄청나게 변했다는 것을 실감할 수 있었다. 필자도 이런 맥락에서 자의반 타의반으로 제2의 인생길인 국제가스연맹(IGU) 회장에 도전하였다.

IGU 회장 재임기간 4년 동안 겪었던 도전의 순간들과 색다른 경험을 개인의 체험으로만 방치하는 것은 나를 여기까지 올 수 있도록 지원해주고 격려해주었던 분들에 대한 도리가 아니라고 생각하던 중이었다.

이런 방설임 가운데 제자인 김기현 박사가 지난 4년간 교신된 이메일과 각종 행사에서 발표된 주요 연설문의 선정과 번역, 그리고 원고 정리까지 도와주겠다고 하여 공동 저자로 참여를 요청하였다. 100여 명의 석·박사 제자들의 성원으로 현재의 위치까지 온 나로서는 최근 여러 권의 에너지 관련 도서로 인정받은 저자이자 제자인 김 박사와의 공동 집필이 큰 의미가 있었다.

IGU라는 국제기구 수장(首長)으로 4년 동안 재임했던 경험을 기록하고, 자료로 남김으로써 장차 국제무대에서 활동하게 될 후학들에게 조금이나마 도움을 주었으면 하는 의도로 이 책을 집필하였다.

주요 내용은 IGU 현황과 미래, IGU 내의 주요 의사결정 과정, 글로벌 에너지 행사 참여 등의 대외활동, Covid19에 의한 뉴노멀(New Normality) 시대의 IGU 운영, WGC2021의 WGC2022로 1년 순연 과정, WGC2022 행사의 성공적 개최와 회장 퇴임 소회의 순서로 전개하였다.

지난 4년을 돌이켜 보면, 대다수 IGU 관련 인사들이 인정하듯이 한국 회장은 IGU 역사상 가장 많은 기록을 세운 회장이었다고 한다. 당사자인 나로서는 기록을 갱신할 때마다 도전과 버팀의 순간이었다.

2022년 5월 27일 WGC2022 폐회사를 마치고 단상에서 내려오는 순간, 이제는 매일 아침 수십 통의 이메일을 읽고 의사결정을 해야 하는 부담감이나, 단상에서의 연설과 회의 주재 의무에서 벗어났다는 심적 해방감이 심신을 홀가분하게 하였다.

전임 회장인 David Carroll은 "IGU 회장직 3년간의 임기는 항공 마일리지로 3백만 마일 정도 돌파해야 마친다."라고 사석에서 입버릇처럼 말하곤 했다.

2020년 초 Covid19라는 Pandemic이 상상을 초월할 정도로 전 세계의 관습을 바꿀 때까지 나도 1년 9개월 동안 거의 2백만 마일에 가까운 거리를 지구촌의 동서남북으로 출장을 다녀야 했다.

G20, COP, WPC, WEC, CERAWeek 등 에너지·환경 관련 국제 행사와 회원국 주관의 지역 행사에 주요 연설자로, 세계 가스 산업의 대변인으로서 관련 국제기관 지도자와의 회동을 위해, 또 IGU 내부 회의 주재 등으로 세계 곳곳을 누벼야 하는 힘든 자리였지만 그만큼 보람도 많았다.

IGU 회장직 수행은 장거리 비행기 여정, 시차 극복 등을 감당할 수준의 건강 없이는 불가능하였다. 나는 꾸준한 아침 운동, 라켓볼과 골프 같은 운동을 통해서 임기 동안 건강한 체력을 유지할 수 있었던 것은 아내의 내조 덕분이라 생각한다.

국제기구의 수장은 건강과 더불어 열린 마음과 끊임없는 소통의 의지가 문화적·언어적 장벽을 극복할 수 있는 필수 덕목이라 생각된다. 대륙 간, 국가 간 문화와 관습 등의 사회적 가치가 현저하게 다른 IGU 내에서 회장은 항상 상대방에게 먼저 다가가는 적극성과 겸손한 자세로 상대방을 배려하고 서로의 다름을 인정해야 신뢰가 구축된다. 이런 자세만이 의견 수렴의 조정자가 될 수 있다는 것을 몸소 깨닫게 되었다.

국제기구는 고유의 전통 시스템과 다국적 구성원 간의 협업(collaboration and teamwork)으로 운영된다. IGU에 있어서도 주요 활동의 3대 축인 회원 서비스, 행사 지원·대외활동 팀을 이끄는 사무총장과 중간 지도자들의 역할 수행, 조직 간 원활한 협업 체제 구축은 3년 임기 회장직의 성공 여부와 바로 직결된다.

나의 4년 회장 재임 기간에는 순환형의 사무국 체제를 자립형 사무국으로의 대전환을 시작한 시점이라서 인력의 재배치와 업무 조정이 큰 과제였다. 이러한 상황에서 기존의 한정된 인력으로 국제기구의 필수조건인 각 대륙 간 인재 배분의 균형과 전문성을 완벽하게 구현한다는 것은 엄청난 도전이었다.

다행히도 스페인 출신 사무총장과 사무국 직원들은 비교적 동서양 간의 문화적·사회적·언어적 차이를 인정하고 한국에 대해서도 우호적이어서 IGU 역사 기록에서 한국 회장의 장(場)을 잘 마무리할 수 있었다는 점에서 그분들에게 전하는 감사의 뜻을 이 책에 남긴다.

또한 IGU 회장 한국 사무실에서 필자의 회장 임기 동안 같이 동행했던 강정욱, 하세경, 이은주, 조민정 님들에게도 감사드린다. 마지막으로 부회장 임기 시작과 함께 거의 5년간 셀 수 없는 긴 여정을 수행해주고 도전의 순간마다 바로 곁에서 지원해준 IGU 회장 한국 사무국 지원팀장인 김동훈 한국가스공사 차장의 노고에 대한 감사로 머리말을 닫는다.

〈차례〉

추천사 / 오연천 울산대 총장·前 서울대 총장 / 4
임기택 국제해사기구(IMO) 사무총장 / 5

머리말 / 국제기구 수장의 덕목은
건강과 열린 마음과 소통의 의지 / 6

1장 에너지 전환기의 국제가스연맹(IGU) 현황과 미래

IGU 회장 취임 / 16
신임 회장 취임 연설문 / 22
WGC2018 미국 워싱턴DC / 30
한국 회장국 인수위원회 결성 / 32
IGU의 현황과 미래 / 44

2장 IGU의 글로벌 조직으로의 역할 강화

IGU의 대외 홍보기능 강화 / 50
IGU 자립형 사무국의 설치 / 55
에너지 전환시대의 에너지 산업 현황 / 67
에너지 불평등과 연료 전환의 당위성 / 75

3장 글로벌 가스 산업의 대변인 IGU의 주요 대외활동

대외활동 대상기관
IGU 파트너 기관 / 84
주요 국제 에너지 행사 / 88
대외활동 (Outreach Activities)
Economist지 기고 (2018.8.23) / 91
Gastech2018 회의 (2018.9.17) / 96
GASEX2018 회의 (2018.10.18) / 97
SEDIGAS 인터뷰 (2018.11.24) / 99
COP24 Workshop (2018.12.3) / 111
COP24 연설문 / 113
IEF와 GECF 회의 (2018.12.7) / 117
Word Bank와 CERAWeek2019 컨퍼런스 (2019.2.19) / 122
CERAWeek2019 발표내용 / 126
LNG2019 총회 (2019.4.2.) / 129
LNG2019 개막 연설문 (2019.4.2) / 130
Oil and Gas Uzbekistan(OGU) 회의 (2019.5.16) / 134
G20 Natural Gas Day 회의 (2019.6.12) / 138
G20 Natural Gas Day2019 기조연설문 / 141
Asia Oil & Gas Forum (2019.6.20) / 144
World Energy Council 총회 (2019.9.10) / 148
WEC 연설문 / 150
World LPG Association 총회 (2019.9.27) / 154
LPG2019 기조연설문 / 156

INGAS2019 총회 (2019.10.17) / 158
INGAS2019 기조연설문 / 160
COP25 회의 (2019.12.2) / 165
COP25 Global Gas Update 연설문 / 166
OMAN Muscat ICRC2020 회의 (2020.2.24) / 169
IGRC2020 연설문 / 171
35차 국제가스전문가회의 (2020.10.21) / 176
국제가스전문가회의 연설문 / 177
10차 상트페테르부르크 국제가스포럼 (2021.10.7) / 181
SPIF 연설문 / 182
World Petroleum Council 총회 (2021.12.3) / 186
WPC 기조연설문 / 187
CERAWeek2022 가스 산업 토론 (2022.3.9.) / 192
CERAWeek2022 패널토론 내용 / 195
글로벌 에너지기업 CEO와 해외 정부기관 면담 / 202

4장 팬데믹 시대의 IGU 버추얼 체계 전환과 위기관리

Pandemic Advisory Group(PAG) 운영 / 210
버추얼 시대의 리더십과 WGC의 2022년 연기 / 215
러시아-우크라이나 전쟁과 LNG2023 개최지 변경 / 223

5장 WGC2022의 성공적인 개최

WGC2022 행사 준비 / 230
WGC2022 성공적 개최 / 239
WGC 행사 개요와 WGC2022에 대한 소회 / 260

6장 국제가스연맹 회장 임기를 마친 소회

회장 재임기간 조력자들 / 266
IGU 회장직 퇴임 소회 / 277
국내 에너지산업에 대한 제언 / 281

1장

에너지 전환기의 국제가스연맹(IGU) 현황과 미래

IGU 회장 취임

아시아 국가로는 일본과 말레이시아가 IGU 회장국을 역임했지만 한국은 세 번 실패 끝에 네 번째 도전에서 2014 독일 베를린 IGU 총회에서 정부와 한국가스공사를 비롯한 한국가스연맹의 각고의 노력으로 러시아 가즈프롬(Gazprom)을 제치고 WGC(World Gas Conference, 세계가스총회)2021의 유치권을 획득하였다.

다른 국제에너지기관과는 달리 IGU는 WGC 유치국이 회장 추천권을 갖는다. 이에 따라 2015년 오만의 수도인 Muscat에서 한국가스연맹이 정부의 동의 아래 추천한 경동도시가스 회장이 신임 부회장으로 선출되었지만, 개인 사정으로 중도 사퇴하여 필자도 2017년 전례와 같은 국내 공모 절차를 거쳐 추천을 받았다.

이후 IGU에 공식으로 필자를 추천하였지만, IGU에서는 이와 같이 중도에 자의적으로 사퇴한 경우가 없었고, 필자는 이때까지 IGU 관련 모임에 참석한 적도 없었기 때문에 한 가지 절차를 더 거쳐야 했다.

IGU 운영위원회(Management Team, MT)는 영국 런던에서 집행위원회가 필자를 집단 면접하고, 프랑스 파리에서 2012~2015 기간의 직전 회장인 Jerome Perier이 필자를 단독 면접하겠다고 통보해 왔다.

이러한 상황을 고려하여 면접 시 필자 선임 당부와 함께 전임 한국 부회장의 불가피한 중도 사퇴의 변을 전하면 도움이 될 것 같아서 한국 정부 대표가 함께 현지를 방문하였다.

이러한 소정의 과정을 무난하게 거친 후 2017년 10월 도쿄 총회에서 부회장으로 선출되었다.

IGU는 일상적 안건의 경우 회장국과 사무국이 상호 협력하여 처리하고, 의결 안건은 정관(Articles of Association)에 따라 회장, 부회장, 직전회장, 사무총장의 4명과 각 프로그램의 담당 실장, 부실장으로 구성되는 운영위원회에서 심의, 조정한다.

따라서 IGU 회장으로 선출되면 부회장, 회장, 직전회장(Immediate past President)의 직책으로 각각 3년씩 봉사하는 9년 임기제이다. IGU의 회장 임기를 3년 단위로 하는 데에는 나름대로 이유가 있다. 3년 동안 주관할 행사가 크기에 따라 IGRC, LNG, WGC 순으로 매년 개최하며 WGC 행사 마지막 날 현 회장이 퇴임하고 신임 회장이 취임하는 구조이다.

필자는 35년의 교수 경력을 마무리하고 제2의 인생을 IGU 회장으로 시작하는 시점에서 좀 더 자유스럽고 명예스럽게 IGU 회장직에 전념하고 싶었다. 한국 WGC의 실질적 후원기관인 당시 한국가스공사 사장 대행이 회장직의 연봉 수준을 타진해 왔지만 명예직으로 봉사하겠다는 뜻으로 일체의 봉급을 사양하였다.

2017년 10월 부회장 인준 당시 재미있는 일화를 소개하면 인준 당일 한국가스공사 노조가 나의 인준을 반대한다면서 일본 도쿄까지 출장 시위를 하러 왔다. 미국 회장인 David Carroll을 포함한

IGU 관계자는 IGU 90년 역사상 처음으로 발생한 사건이라 나에게 그 이유를 물었다.

여러분의 신임 회장을 상대로 한국가스노조가 해외 출장 시위까지 온 것을 보면 한국 에너지업계에서 하찮은 존재(small potato)는 분명히 아니라고 즉흥적으로 우회 답변하면서 달갑지 않았던 위기를 넘겼다. 미국 회장은 즉시 집행위원회에는 초정자만 입장하여 참석할 수 있다며 호텔 경호원을 동원하여 회의장 정문에서 한국가스공사 노조원들의 소란을 저지하였다.

평생 Academian으로 살아온 나로서는 IGU 회장이 된다는 것이 글로벌 조직 운영, 문화적·언어적 역량의 한계 때문에 두려운 도전이었다. 그러나 주어진 환경에서 한국인 특유의 끈질김(persistence)과 열정적 노력(passion)으로 최선을 다하겠다는 각오를 다지며 2017년 10월 도쿄 총회(Council)에서 IGU 부회장으로 취임한 후 8개월간 IGU 관련 자료를 공부하면서 꼼꼼하게 준비하였다.

드디어 미국 워싱턴DC에서 열린 WGC2018의 폐막식 날 미국 회장으로부터 회장직을 승계(承繼)받아 IGU 회장(President)으로 공식 취임하였다.

WGC2018 마지막 날인 2018년 6월 28일은 회장 취임일인데 우연하게도 필자의 음력 생일이었다.

그리고 취임식장에는 필자의 IGU 회장 취임을 축하하기 위해 특별히 방문한 우리나라 산업자원통상부 장관을 비롯한 주미대사관의 공사, 상무관, 민간기업 임원들과 한국 회장의 출범을 참관하기 위한 세계 에너지 대기업 임원과 각국 정책 입안자, IGU 회원, 행사 참여

전임 회장 David Carroll과 새로 취임하는 강주명 회장

자 등 약 2,000명이 참석하였다.

이런 권위 있는 참석자들 앞에서 향후 IGU를 3년 동안 이끌 신임 회장으로서 취임사를 작성하는 것도 힘겨운 도전이었다.

우선 WGC2021의 주제인 'A Sustainable Future powered by Gas(가스를 기반으로 하는 지속가능한 미래)'에 대한 설명은 이미 여러 차례 발표되고 잘 다듬어져서 큰 문제가 없었지만, 외국어인 영어 표현으로 나의 색깔을 리더십에 칠하는 것은 쉽지 않은 일이었다.

언어는 문화의 결정체이므로 미국 속담을 인용하여 '시작은 초라하여도 성공한 지도자가 되려면 시작은 반드시 해야 한다(You don't have to be great to start, but you have to start to be great).'

전임 회장 David Carroll과 새로 취임하는 강주명 회장

는 것을 핵심주제로 하여 발표하였는데 예상보다는 후한 반응을 얻었다고 위로하고 싶다.

연설 시작 직전 취임식 날이 나의 생일이라 취임연설 원고에 없는 애드립(ad-lib)으로 “What a wonderful world, my inauguration is on my birthday.”라고 말했는데, 이 짧은 ad-lib 부언이 연설 중간에 방영될 영상과 엉키어 대혼선이 발생하였다. 필자는 무의식적으로 “A machine can make a mistake.”라는 말로 무대 감독에게 알려서 엉망진창이 될 순간을 바로잡아서 무난히 각본대로 취임연설을 마쳤다. 정말로 호랑이 굴에 들어가도 정신만 차

리면 살아나올 수 있다는 속담을 실감하였다. IGU 신임 회장으로서 취임사는 다음 페이지에 수록한다.

IGU 회장 취임 연설문

Good afternoon ladies and gentlemen, distinguished guests and dear members, again.

It is a huge honour to introduce myself as the President of the International Gas Union.

What you just watched is a small glimpse of the wonderful country, the place I belong to. I guarantee that you will have an amazing time exploring our rich history, culture, food and all that Korea has to offer when see you at the 2021 edition of the World Gas Conference.

As you saw towards the end of the video, June is a real breakthrough and historic month for Korea, but much more focus, work and effort will be needed in the coming months and years to see this breakthrough reach its maximum potential.

신사 숙녀 여러분, 내외 귀빈 및 회원 여러분 안녕하십니까.

국제가스연맹 회장으로 저를 소개하게 되어 영광입니다.

여러분이 방금 본 것은 저의 조국인 한국의 멋진 모습입니다. 2021년 세계가스총회(World Gas Conference, WGC)에 오시게 되면 한국의 풍부한 역사, 문화, 음식 및 한국에서의 모든 것을 즐길 수 있는 시간을 가질 수 있을 것이라고 확신합니다.

비디오의 끝 부분에서 보셨듯이 6월은 한국에 있어 진정한 변화이자 역사적인 달입니다. 하지만 이 변화의 가능성을 최대로 실현하기 위해서는 앞으로 몇 달, 몇 년 동안 훨씬 더 집중하고 노력해야 합니다.

As we heard all this week, 2017 was a breakthrough year for our gas industry, with a year recorded year-on-year consumption increase of 3.7%. But I ask, how do we sustain this growth, and how do we ensure that natural gas meets its maximum potential?

We must not get complacent, we must not take anything for granted, we must continue to engage, we must continue to advocate for the proper place of gas in the long term. We must accept that most reliable forecasts that show a bright future for gas, are simply scenarios.

Ladies and gentlemen,

The Korean Presidency is fully committed to intensifying our collective efforts in support of a strong natural gas future that supports prosperity and improvement of the quality of life.

In the next few minutes, allow me to share with you our strategic plan for the next triennium.

Unleashing the enormous potential of natural gas in the global energy supply system will depend largely on economics, policy and the environmental benefits of natural gas.

이번 주 내내 들었듯이 2017년은 전년 대비 가스 소비량이 3.7% 증가하여 가스 산업에 있어 획기적인 한 해였습니다. 그러나 이러한 성장을 어떻게 지속할 수 있으며 천연가스가 최대한의 잠재력을 발휘할 수 있도록 하기 위해서는 어떻게 해야 하는지 묻고 싶습니다.

우리는 안주해서는 안 되고, 어떤 것도 당연하게 여겨서는 안 되며, 계속 참여해야 하고, 장기적 측면에서 가스 산업의 위상을 계속 홍보해야 합니다. 우리는 가스 산업의 밝은 미래를 보여주는 가장 신뢰할 수 있는 예측도 단지 시나리오라고 생각해야 합니다.

신사 숙녀 여러분,

한국 회장은 번영과 삶의 질 향상을 지원하는 천연가스의 미래를 강력하게 지원하는 공동 노력을 강화하기 위해 최선을 다하겠습니다.

이제부터 다음 3년 동안의 전략적 계획을 여러분과 공유하겠습니다.

전 세계 에너지 공급 시스템에서 천연가스가 엄청난 잠재력을 발휘하는 것은 주로 천연가스의 경제, 정책 및 환경적 이점에 달려 있습니다.

Against this backdrop, the overarching aim of my Presidency will advance the role of gas in a sustainable energy future.

The theme of the World Gas Conference 2021 will be "A Sustainable Future - Powered by Gas". We will develop three areas of strategic focus: Environmental Leadership; Market Vitality; and Value Creation.

Environmental Leadership that focuses on high standards in the gas supply chain. Harnessing the full potential of natural gas in energy mix will require the gas industry to demonstrate progress in further reducing its environmental footprint. This includes a strong focus on the methane emissions challenge.

Market Vitality will be supported by efforts to remove regulatory, economic and technical barriers that can impact gas demand. Here, the vitality of the natural gas market can be vitalized by changes to policy frameworks, particularly in power markets.

Underpinned by technological innovation and collaboration, Value Creation will help drive our industry towards greater use, efficiency and affordability of energy for the future.

이러한 배경 하에서 회장으로서의 가장 중요한 목표는 지속가능한 에너지 미래에서 가스의 역할을 더욱 발전시키는 것입니다.

2021년 세계가스총회(WGC)의 주제는 '가스를 기반으로 하는 지속가능한 미래(A Sustainable Future-Powered by Gas)'입니다. 전략적 목표로서 환경 리더십(Environmental Leadership), 시장 활력(Market Vitality), 가치 창출(Value Creation)의 세 가지 영역을 집중해서 추진할 것입니다.

'환경 리더십'에서는 가스 공급망의 높은 기준에 중점을 두겠습니다. 에너지 믹스에서 천연가스의 잠재력을 최대한 활용하기 위해서는 가스 산업이 환경 발자국을 더욱 줄이는 데 진전이 있음을 입증해야 합니다. 여기에는 메탄 배출 문제에 대한 강한 집중도 포함됩니다.

'시장 활력'은 가스 수요에 영향을 미칠 수 있는 규제, 경제 및 기술 장벽을 제거하도록 노력하겠습니다. 여기에서 천연가스 시장의 활력은 특히 전력시장의 정책 프레임워크 변화에 의해 활성화될 수 있습니다.

기술 혁신과 협력을 기반으로 하는 가치 창출은 우리 가스 산업이 미래를 위한 에너지의 사용, 효율성 및 경제성을 향상시키는 데 도움이 될 것입니다.

We will manage these three missions in transparent, accountable, and member-friendly way.

Ladies and gentlemen,

As old saying, you don't have to be great to start but you have to start to be great.

As such I do start today on my birthday for the international Gas Union to be great.

Also I invite you to join on the path of the World Gas Conference 2021 and I hope see you all in Korea.

Thank you. 감사합니다.

우리는 이 세 가지 임무를 투명하고 책임감 있고 회원 친화적인 방식으로 관리하겠습니다.

신사 숙녀 여러분,

오래된 속담에 의하면, 시작하기 위해 위대해질 필요는 없지만 위대하기 위해서는 시작해야 합니다.

따라서 저는 오늘 제 생일에 국제가스연맹이 위대해지기 위해 시작하겠습니다.

또한 2021년 세계가스총회의 긴 여정에 여러분을 초대하며 한국에서 뵙기를 바랍니다.

고맙습니다. 감사합니다.

WGC2018 미국 워싱턴DC

미국 워싱턴에서 열린 WGC2018의 주제를 한 마디로 요약하면 미국 셰일가스(Shale Gas)의 정치 도구화(political tool)였다. 전통적으로 석유 수입국이었던 미국이 석유개발 기술의 혁신으로 무용(無用)자원이었던 엄청난 규모의 셰일가스를 생산하여 세계 제일의 석유와 천연가스 생산국으로 돌변하였다.

세계 에너지의 4분의 1을 소비하는 미국 입장에서 석유의 안정된 공급원 확보를 위한 석유자원의 2분의 1을 생산하는 중동 중시의 외교정책은 당연하였다. 기존의 에너지 정책의 전환과 에너지 자립국으로서의 미국 위상을 홍보하고자 당시 국무장관인 Mike Pompeo는 세계의 유력한 에너지 지도자를 공관에서 개최된 만찬장에 초청하여 변화된 미국의 에너지 정책에 동참을 촉구하였다.

필자도 당시 한국가스공사 정승일 사장과 함께 초청받았고, 사진도 찍었다. 우연히 만찬장에서 만난 IEA(International Energy Agency, 국제에너지기구)의 사무총장 Fatih Birol은 만찬은 고사하고 Mike Pompeo 장관이 나가는 복도에서 기약 없이 기다리는 장면이 목격되었다.

IEA는 석유 위기 직후 1976년 석유의 안정적 공급대책의 일환으로 석유 위기 시 세계 석유 비축량의 방출량 결정을 위하여 미국 주

Mike Pompeo 미 국무장관과 함께(왼쪽은 정승일 전 한국가스공사 사장)

도로 프랑스 파리에 설립한 OECD 산하 에너지기관이다.

설립 당시 석유 중심의 세계 에너지 시장에서 생산권을 가진 산유국(OPEC)에 대응하기 위해 석유 수입국 중심으로 발족되었지만, 현재는 세계 에너지 수요·공급 분석과 기술 동향을 예측하는 명실상부한 세계 제일의 공적 에너지 기구이다. 우리나라 에너지 관련 공무원들도 파견되어 세계 에너지 흐름과 각국의 에너지 정책 자료를 수집하고 이를 통하여 우리나라 에너지 정책 수립에 기여하고 있다.

IEA 사무총장의 선임권은 미국 국무성의 입김이 막강한 현실에서 Fatih Birol에게는 Mike Pompeo 장관의 면담이 간절할 수밖에 없을 것으로 추정되었다.

한국 회장국 인수위원회 결성

IGU 관례에 따라 신임 회장국은 출범식의 첫 번째 행사로 소위 Kick-off 모임을 주관한다.

2018년 8월 28부터 30일까지 2박3일 일정으로 제주도에서 개최된 Kick-Off 미팅은 한국 회장국의 3년 동안 활동계획의 청사진을 확정하고 한국 회장단 출범을 위한 단합 모임이었다.

IGU 회장, 부회장, 사무국과 대외홍보실의 주요 인사를 포함한 30

제주 Kick-off 회의: 발표자 Alex(왼쪽)

명으로 구성된 준비위원 등이 참석하여 향후 3년간의 IGU 조직과 회원 관리를 위한 대원칙과 대외 활동전략 수립, 글로벌 가스 산업의 대변기관으로서 IGU 사명에 대한 공감대를 형성하였다.

제주도를 Kick-Off 미팅장소로 선택한 이유는 그해 제주도가 유네스코 7대 관광지로 지정되었고, 한국 회장국에 협조를 약속한 외부 인사들을 융숭하게 대접한다는 의도에서 행사 호텔도 제주 7대 건축물로 손꼽히는 포도호텔로 정하고, 야외 파티도 PINX CC에서 진행되었는데 반응은 매우 좋았다.

한국 회장 임기동안 IGU 활동을 위한 플랫폼으로서 우선적으로 해야 할 주요 회의인 IGU 총회(Council)와 집행위 회의(Executive Committee, EXC)의 장소와 각종 행사 일정을 확정하였다.

IGU 운영기반을 기존의 회장실과 사무국의 두 축 협업체제가 아닌 회장 중심으로 전환하고 실무자들에게 권한과 책임을 부여하여, 정관 준용의 민주적이고 투명한 '신임 회장의 경영원칙'을 발표하였는데, 참가한 IGU 관계자들이 나의 미국명인 Joe's Doctrine으로 명명하였다.

이러한 원칙의 1차 실천 대상은 사무국을 관장하는 사무총장과의 관계 정립이었다.

때마침 인수위원회 직후 2018년 10월 말레이시아 쿠알라룸푸르(Kuala Lumpur)에서 열린 Diplomatic Forum에 참석한 사무총장 Luis Bertran과 앞으로 IGU 운영에 관한 큰 담판을 하였다.

그동안 가족 같은 분위기 속에서 IGU 회장과 대동소이한 권한을 누리며 자율적으로 연맹 사무국을 운영해 왔던 스페인 최대 전력가스 회사인 Naturgy에서 파견된 Luis Bertran 사무총장에게는 나의

Kick-off 회의 준비위원들과 함께
(왼쪽은 Luis Bertran 사무총장, 오른쪽은 Li Yalan 부회장)

요구가 큰 충격이었다. 그러나 나는 IGU 정관에서 정한, 회장에게 부여한 최고 의사결정권자로서의 권한과 위상을 명확하고도 단호하게 상기시켜 주고 승인 및 보고 체계를 확실하게 주장하였다.

이때의 엄청난 밀당(push and pull) 과정에서 오고 간 고성으로 주변 사람들이 당황하였지만 앞으로 3년간 회장 수행의 초석을 닦을 각오로 도전하여 이틀간의 타협 끝에 회장실의 역할과 사무국 업무를 확정하였다.

특히 주목할 만한 구체적인 내용은 회장이 IGU의 대변인이므로 회장의 대외활동을 지원하는 대외활동 팀(Advocacy Team)은 회장 직속으로 하고 그 책임자도 회장이 선임한다는 것이었다. 이의 논리적 근거는 에너지 전환기에 가스 산업의 목소리를 일관성 있고 시기적절하게, 그리고 상대에 따라 효율적인 대응이 필요하고, 중요한 의

사결정은 회장이 한다는 IGU 정관의 인용이었다.

나는 사무총장과의 복잡한 업무조정 과정에서 이러한 논리에 근거한 설득이 주효하였다고 생각한다. 협상의 성공은 국내외를 막론하고 Push & pull, give & take를 어떻게 적절하게 순간순간마다 활용하느냐 하는 것이 기본 중의 기본임을 경험하였다.

사무국과 한국 회장실의 간담회

또한 한국 회장 3년 기간 동안의 목표를 효율적으로 달성하기 위하여 정관이 허용하는 범위에서 조직을 재정비하였다. IGU의 가장 상위의 조직은 총회(Council)이며, 각 국가를 대표하는 정회원(Charter Member), 세계 메이저 대형회사 등의 프리미엄 준회원(Premium Member), 일반기업의 준회원(Associate Member)으로 구성되어 있다. 조직도상 총회 아래에 있는 집행위원회(Executive Committee, EXC)는 가장 영향력 있는 기구로서 전문위원회 의장(11), 정관상 8명 이하의 지역조정관(Regional Coordinator)과 Charter Member, Premium Member, Associate Member군에서 각각 5명을 총회에서 투표로 선출하여 34명으로 구성된다.

상임 운영단으로는 현 회장을 비롯하여 전임회장과 차기 WGC 개최국의 부회장을 포함한 운영위원회(Management Team, MT)가 있다. IGU 조직의 특이한 점은 각 대륙과 특정 지역을 담당하는 지역조정관(Regional Coordinator)이 있는데 회장이 지명하고 집행위원회의 인준과 총회의 승인을 받는다.

유럽 지역 조정관 Marshall(오른쪽)과 함께

필자는 집행위원회에서 한국 회장에 대한 협조를 강화하기 위하여 회장 권한으로 기존 5인의 지역조정관을 7인으로 증원하여 유럽과 아시아에 추가 배정하였다. 유럽을 러시아를 포함한 구 Soviet 국가와 튀르키예를 기존의 유럽 지역조정관인 네덜란드 출신의

2019년 10월 인도네시아 족자카르타에서 집행위원들과 함께

한국 회장 주재의 첫 번째 총회

Marshall에게, 양분된 나머지 유럽지역은 이탈리아 출신의 Andrea 담당으로 분할하고, 아시아 지역을 LNG 주요 소비국인 중국, 일본, 한국을 호주의 Graeme에게, 천연가스 신생시장인 동남아시아 지역을 말레이시아의 담당으로 양분하였다. 중남미 지역은 참가 실적이 저조한 아르헨티나에서 콜롬비아의 Oranldo로 교체하였다.

참고로 Andrea와 Oralndo는 지역조정관 자격으로 집행위원회 위원이 되었다. 우연하게도 필자가 임명한 Andrea와 Oralndo가 각각 이탈리아, 콜롬비아 출신으로 WGC2028을 유치하고자 2025~2028년 기간의 회장직에 자기들의 이름을 걸고 경쟁하였다. 2020년 총회에서 이탈리아 밀라노에서 개최하는 WGC 행사 성공 가능성을 높게 평가하여 대통령까지 동원한 콜롬비아를 넘어 이탈리아가 유치국으로 결정되었다. WGC 행사 유치는 회장 개인의 능력보다는 국가의 위상에 의해 결정된다는 것을 목격한 필자는 한국이 나의 조국이라는 자부심을 다시 한 번 느꼈다.

위원회로는 천연가스와 신재생가스 관련 기술 및 정책 분야를 담당하는 11개의 전문위원회(Technical Committee)와 각 위원회 간의 기능과 역할을 조정하는 조정위원회(Coordination Committee, CC)가 있다.

다른 국제 가스 관련 단체와 달리 IGU의 큰 장점은 세계 일류 전문가가 포진된 전문위원회의 활동이다. 각 분과 위원장의 주재로 위원회 활동을 활성화하고 정기적으로 개최되는 연례 회동에서 업적을 발표하고 있다. 전문위원회 활동은 IGU의 가스 산업 대변인 역할에 실질적으로 크게 기여하며, 가스 산업 밸류 체인의 98% 기관이 IGU에 참여하는 주된 이유이기도 하다.

한국 회장 취임 1년 동안 각고의 노력으로 기존 200여 명 수준의 전문위원들을 약 1,000명으로 확대하는 성과를 거두었다. 필자는 포스코 인터내셔널과 한화에너지의 준회원(Associate member) 가입 등록을 주선하여 담당 전문가들이 각 분야 전문위원회 활동에 적극적으로 참여하여 가스 산업의 Inner Circle 진입을 촉구하였다.

한편 어느 조직이건 전임과 신임 최고 집행자(CEO)의 정책과 리더십의 상이함으로 인한 갈등 또는 혼란이 발생할 수 있듯이 세계 가스 산업 대변인인 IGU 회장의 교체도 예외가 아니었다. 전임 회장인 미국 GTI 회장인 David Carroll은 전임 회장직과 IGU Transition Team의 위원장으로서 지속적으로 영향력을 행사하려 하였다.

그러나 그의 영향력을 묵인할 경우 나의 정체성과 리더십에 심각한 도전이 될 것은 자명하였다. 필자가 회장 취임 직후 David

Carroll은 Transition Team의 위원장이므로 업무의 연속성을 위하여 후속기구인 발전 계획의 집행 팀인 Implementation Team 위원장도 본인이 맡겠다고 주장하였다.

나는 단호하게 IGU 발전 계획은 현 회장의 주도하에 진행되어야 하며 그에 대한 책임도 나에게 있다고 말하며 당신은 이 위원회의 부위원장이 되기를 바란다고 정중히 설명하였다.

이러한 대치국면은 며칠 동안 계속되었지만 나에게는 몇 년과도 같은 긴 시간이었다. 결국 그는 부위원장 직을 수락하고 위원장인 나의 조력자가 되었다. 이 과정에서 절실하게 실감했던 것은 상대방을 영어로 효과적으로 설득하는 수준까지는 아직 나의 영어 소통 능력이 부족하다는 것이었다.

국제기관의 수장에게 있어 언어 소통 능력은 필수적이며 모국어가 아니라는 변명은 통하지 않는다. 한국에서 대학 졸업 후 미국에서 십 년 넘게 교수와 연구원으로 살았지만 영어라는 외국어의 장벽을 극복하기는 쉽지 않았다. 회장 지명 후 매일 백 개 이상의 고품격 단어를 외우고 발음도 교정하려고 나이를 초월하여 부단히 노력하였다. 그러나 국제회의를 주재하는 회장의 영어로서는 미흡함을 고백할 수밖에 없다. 미래에 국제기구에 취업하거나 지도자가 되려면 지금부터 영어의 격을 높이고 문화적 소통 능력의 초석을 다지는 노력을 많이 하도록 권한다.

〈IGU 2018-2021 조직도〉

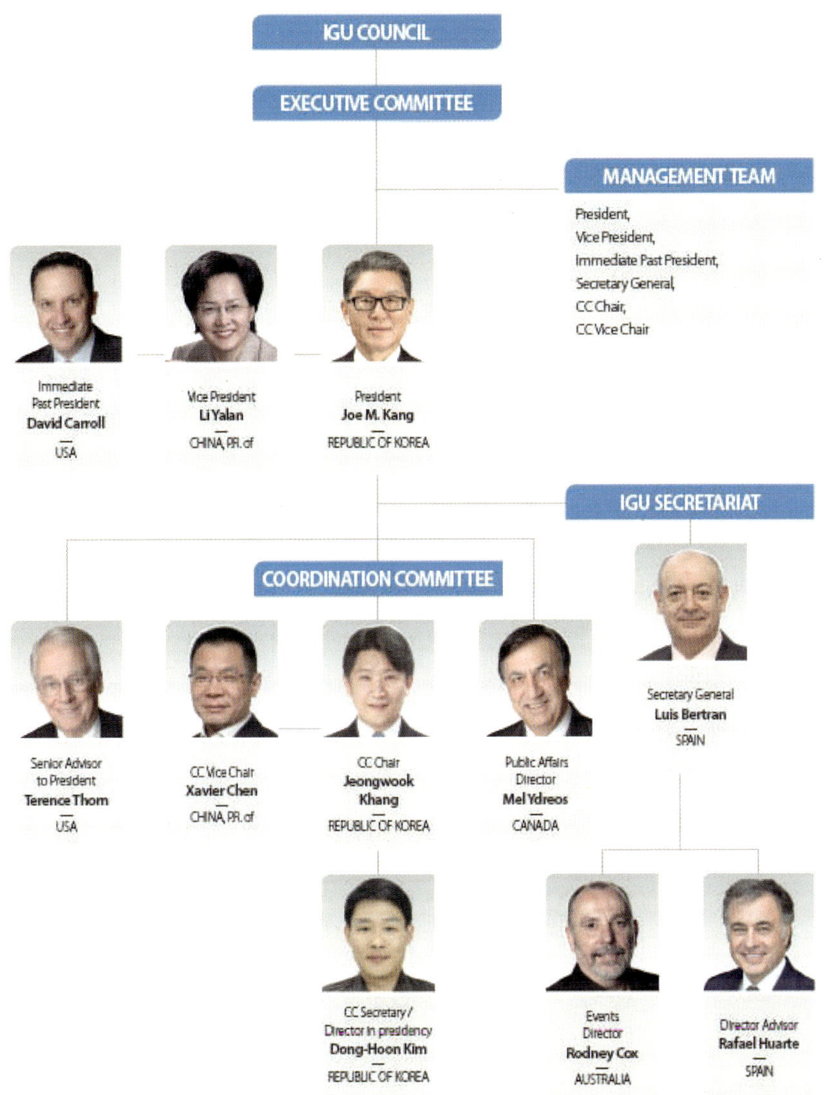

IGU 전문위원회 구성(Technical Committee)

구분	위원회	연구주제
Committee (위원회)	Distribution (배급)	가스 배급 발전방안 ·Chair:JoseCarlosBroislerOliver(브라질) ·Vice-Chair:JurgenGronner(독일) ·Secretary:LiborCagala(체코)
	Exploration & Production (탐사 및 생산)	E&P 전략 및 기술개발 ·Chair:EkaterinaLitvinova(러시아) ·Vice-Chair:EmekaEne(나이지리아) ·Secretary:GulnazKolokolova(러시아)
	Gas Market (가스시장)	가스시장 발전전략 ·Chair:Christina,ZhaoyanLiu(중국) ·Vice-Chair:EzharYazidJaafar(말레이지아) ·Secretary:Chris,YuZhou(중국) ·Secretary:Jack,JunhuiGuo(중국)
	LNG	LNG 산업동향 및 발전방안 ·Chair:FarldBerrahou(알제리) ·Vice-Chair:Sang-gyuLee(한국) ·Secretary:TaffarTarik(알제리)
	Marketing & Communication (마케팅)	마케팅 전략 및 미디어 활용방안 ·Chair:PierreBartholomeus(네덜란드) ·Vice-Chair:AkmalZaghloul(이집트) ·Secretary:GejaPopken(네덜란드)
	R&D and Innovation (기술개발과 혁신)	연구개발 및 기술혁신 동향 ·Chair:HisatakaYakabe(일본) ·Vice-Chair:GerardMartinus(네덜란드) ·Secretary:MasazumiHirono(일본)
	Storage (저장)	지하가스저장(UGS) 시설 ·Chair:JohnHeer(미국) ·Vice-Chair:LadislavBarkoci(슬로바키아) ·Secretary:SonalPatni(미국)
	Strategy (전략)	가스 효율, 가격, 장기적 전략 ·Chair:GeraldLinke(독일) ·Vice-Chair:OlgaShchekina(러시아) ·Secretary:UweKlaas(독일)
	Sustainability (지속가능한 개발)	가스의 지속가능성을 위한 방안 ·Chair:MohdAzharAbdulShatar(말련) ·Vice-Chair:AndresMembrilloBonilla(스페인) ·Secretary:RiverFooSiangChoon(말련)
	Transmission (수송)	파이프라인 수송라인 및 네트워크 ·Chair:PatrickPelle(프랑스) ·Vice-Chair:VittorioMusazzi(이태리) ·Secretary:PhilippeGleize(프랑스)
	Utilization (이용)	가스 이용 증대방안 ·Chair:RogerSerratAnardón(스페인) ·Vice-Chair:WillianAndersonLehmkuhl(브라질) ·Secretary:FranciscoSichar(스페인)
Task Force	Strategic Communications & Outreach (전략적 커뮤니케이션)	IGU 전략적 커뮤니케이션 활동 지원 ·Chair:MarkMcCrory(영국) ·Vice-Chair:MatthewDoman(호주) ·Vice-Chair:AlejandroKowalski(스페인) ·Secretary:HarryWhitaker(싱가포르)
	Energy for All (에너지 접근성 개선)	가스 접근성 향상방안 연구 ·Chair:BarbaraJinks(호주) ·Vice-Chair:JiwonOh(한국) ·Secretary:LizPerrone(이란)
	Energy Policy (에너지 정책)	에너지 정책관련 연구 ·Chair:HedayatOmidvar(이란) ·Vice-Chair:FranciscodelaFlor(스페인)

IGU 2018-2021 주요 일정

회의주기 및 장소		조정위원회 (Coordination Committee)	집행위원회 (Executive Committee)	총회 (Council)
2018	October 23~25 Venice, Italy	October 23	October 24	October 25
2019	April 23~25 Santiago, Chile	April 23	April 24	-
	October 8~10 Yogjakarta, Indonesia	October 8	October 9	October 10
2020	April 21~23 Prague, Czech Republic	April 21	April 22	-
	October 6~8 Vancouver, Canada	October 6	October 7	October 8
2021	April 6~8 Oran, Algeria	April 6	April 7	-
	June 20~21 Daegu, Korea	June 20	-	June 21

IGU의 현황과 미래

가스 산업의 급속한 성장 배경에는 1931년에 11개국 가스 도매업자 대표들이 뜻을 모아서 IGU를 설립하고 스위스 브베(Vevey)에 비영리법인으로 등록하였던 프랑스 가스협회 회장(ATG)인 Auguste Barli의 공로를 무시할 수 없다. (현재 IGU 자립형 사무국은 영국 런던에 소재).

설립 당시 IGU의 미션은 가스 거래업자 간 친목을 도모하고, 가

초기에는 가스를 도로의 가로등 용도로 활용

스의 활용과 시장 확대 필요성을 홍보하며, 안전규제 완화에 역점을 두었다. 이때는 가스의 주요 수요처가 도로 가로등의 연료(gaslighting)였다. 현재는 Gaslighting의 의미가 '없는 것을 있다 하고, 있는 것을 없다.'고 하는 심리적 교란인데, 아마도 당시 가스등의 가스공급 불안정성으로 유래된 용어가 아닐까 감히 유추해 본다.

2021년 말 현재 IGU 회원사는 가스 탐사와 생산, 파이프라인과 LNG를 통한 운송, 가스 분배와 소매까지의 가스 산업 전 밸류 체인을 담당하고 있고, 전 세계 가스 거래량의 98% 정도를 차지하고 있다. 2022년 5월 현재 회원사는 84개국 153개 각국 대표기업 및 단체가 가입해 있고, 정회원 80사, 프리미엄 준회원 14사와 준회원 59사가 있다. 우리나라에서는 한국가스연맹(Korea Gas Union, KGU)이 1986년에 정회원으로 가입해 활동하고 있다.

IGU의 조직은 회장국, 사무국의 2원적 행정체제를 갖고 재정은 기본적으로 매년 회원사들이 납부하는 회비로 운영한다. 회장국 운영

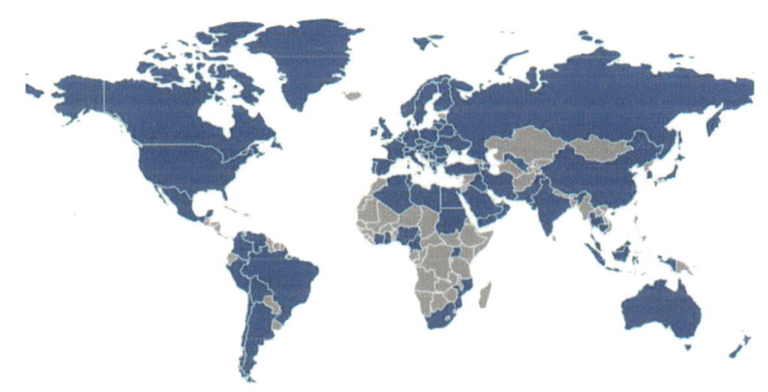

IGU 회원현황 (2020)

의 재정적 지원은 WGC 유치국가에서, 사무국 운영은 사무국 후원 국가에서 각각 지원하므로 재정적으로는 건강한 국제기구이다.

전통적으로 회장은 3년마다 교체하며 주로 WGC 행사의 성공적 주최에 집중한다. 사무국은 6년마다 후원국이 바뀌고 사무총장을 포함한 사무국 전문 인력도 후원기관에서 파견하였다. 사무국 후원기관은 상대적으로 잉여 인력, 은퇴 직전의 인력을 파견하므로 국제적 감각과 전문성, 영어 소통능력이 열악한 상태로 운영되고 있었다.

IGU가 설립된 이래 1975년 이후 LNG 산업이 급성장함에 따라 에너지 시장에서 IGU의 영향력도 함께 커지게 되었다. 가스가 국제 에너지원 상품으로 급성장함에 따라 IGU의 위상도 높아지고 있었지만 조직의 운영은 미래에 다가올 거대한 변화에 대한 대응책 마련보다는 현재의 상태에 안주하는 분위기였다.

한편 2015년 파리협정 체결 이후 천연가스도 지구 온난화 이슈라는 거대한 담론(paradigm)으로부터 자유로울 수 없는 화석 에너지원의 하나로 지목됨에 따라 천연가스 산업에도 위기감이 고조되고 있었다.

그러나 기존의 IGU 순환형의 사무국 체제로는 이러한 급변하는 세계 에너지시장 변화에 능동적이고 선행적으로 대응하기에는 한계에 도달하고 있었다.

이에 따라 IGU 리더 그룹에서는 기존의 IGU 사무국 내부 여건과 기후변화(Climate Change)라는 거대한 외적 요인을 감당할 대대적인 조직변화와 효율적인 기능 강화의 필요성을 제기하였다.

그리하여 IGU에서는 'Building for the future(BFTF)'라는 대계획 아래 미국 회장인 David Carroll을 중심으로 Transition Team을 조직하여 6년마다 후원사가 주관하는 순환 사무국에서 전문 인력으로 구성한 자립형 사무국으로 전환하는 계획을 기획하고 있었다.

이제는 IGU 90년 역사의 가족적인 전통을 접고 명실상부한 국제적 기구로 새로운 역사를 시작해야 하는 소용돌이의 전환점이 바로 한국 회장국이 출범하는 시기였다. 사무국 명칭의 일관성을 유지하기 위해 순환적 사무국에서 재정적으로 자립하고 운영체제는 유치국의 간섭 없이 독자적으로 운영되기 때문에 자율형이고, 사무국의 장소 변경이 없다는 점에서 영구 사무국으로 명칭이 다양하지만 본문에서는 자립형 사무국으로 통일하였다.

IGU 정회원국 현황

지역구분	국가명
유럽(37)	그리스, 네덜란드, 노르웨이, 덴마크, 독일, 라트비아, 러시아, 루마니아, 리투아니아, 모나코, 벨기에, 벨라루스, 보스니아 헤르체고비나, 북마케도니아, 불가리아, 세르비아, 스위스, 스페인, 슬로바키아, 슬로베니아, 아르메니아, 아일랜드, 아제르바이잔, 알바니아, 영국, 오스트리아, 우크라이나, 이탈리아, 체코, 크로아티아, 키프로스, 터키, 포르투갈, 폴란드, 프랑스, 핀란드, 헝가리
아시아 및 오세아니아(15)	뉴질랜드, 동티모르, 말레이시아, 베트남, 브루나이, 싱가포르, 우즈베키스탄, 인도, 인도네시아, 일본, 중국, 캄보디아, 태국, 한국, 호주
미주(11)	멕시코, 미국, 베네수엘라, 볼리비아, 브라질, 아르헨티나, 칠레, 캐나다, 콜롬비아, 트리니다드 토바고, 페루
아프리카(11)	가나, 나이지리아, 남아프리카공화국, 리비아, 모잠비크, 수단, 알제리, 이집트, 적도 기니, 카메룬, 튀니지
중동(10)	레바논, 바레인, 사우디아라비아, 아랍에미리트, 예멘, 오만, 이라크, 이란, 이스라엘, 카타르

2장

IGU의 글로벌 조직으로의 역할 강화

IGU의 대외 홍보기능 강화

IGU는 전통적으로 총회, 집행위원회와 3대 행사 개최 시 주최국의 극진한 환대 속에 회원 친목과 친선을 도모하고 주최국의 문화와 관습을 접하는 축제의 장으로 활용해 오고 있다.

그러나 지구온난화에 의한 기후변화라는 거대 담론(paradigm) 아래 가스 산업의 생존과 성장 방안에 대한 관심이 커지면서 기후변화 위기에 대한 공감대 형성과 이를 위한 가스 산업의 적극적인 대응방안 수립이 현안으로 대두되었다.

그래서 한국 회장단은 IGU 대외정책 수립 팀과 집행 팀 간의 수차례에 걸친 브레인스토밍과 열띤 토론을 주관하여 실현 가능한 일관된 전략을 수립하게 되었다. 주제는 대외활동 대상으로 Audience와 Partner로 분류하고 집행의 우선 순서와 대상별 접근 전략을 수립하는 것이었지만, 참여자의 소속기관의 정서, 대륙 간 에너지에 대한 가치관의 차이로 그야말로 난상 토론이었다.

회의장에서는 쟁점이 첨예화되면 열띠게 토의하지만 결론이 나면 모두 동의하는 식의 토론문화에 익숙하지 않은 나로서는 도전해야 할 문화 중의 하나였다.

한국 회장의 특별 1팀인 정책수립 팀의 Leader는 영국 캠브리지 대학 출신의 약관 30세 정도의 Alex였다. 그는 약 1년간 정책의 초

특별1팀: Alex(왼쪽), Harry(가운데), Luis(오른쪽)

석을 마련한 후 Shell의 핵심조직으로 스카우트되어 사직하였다.

필자와의 수차례에 걸친 사적 대화에서 Alex 본인의 장래 목표는 영국 하원의원이 되는 것이라 했는데, 그가 보여준 정책수립의 전문성, 언어 구사력, 지도력과 추진력으로 예측하건대 Alex의 꿈이 실현될 것으로 확신한다.

집행팀장은 앞서 설명한 Mel Ydreos이다. Cyprus 이민 2세대인 Mel Ydreos는 화학공학을 전공하고 캐나다 가스협회 회장까지 역임한 유능한 CEO 출신이었나. Mel Ydreos는 따뜻한 성품의 소유자이지만 업무 추진방식은 극명히 달랐다. 일례로 유럽 지도자 그룹과는 신재생에너지 전환속도, 범위와 방법에 대한 견해 차이로, 사무총장 Luis Bertran과는 미국 회장 재임기간에 전문위원회 조정위원

미국 캐나다 대사관 옥상에서 - Mel Ydreos(오른쪽)와 함께

장을 맡고 있어 운영위원회의 구성원으로 사사건건 대치하여 두 사람은 원만한 사이가 아니었다.

그는 한국 회장의 대외활동 집행팀장으로 임명된 후 행정적 절차상의 사소한 차이라도 부딪치면 타협점 없는 치킨 게임(chicken game)으로 5번 이상 사표를 제출하기도 했다.

그러나 Mel Ydreos의 대내외 인적 Network와 Advocacy에 대한 전문지식, 자기주장에 대한 논리적 전개능력이 탁월하여 나에게는 절대적으로 필요한 조력자였다. 그때마다 필자의 끈질긴 설득과 회유로 제자리로 돌려놓아 IGU의 대외홍보 활동 면에서 적지 않은 성과를 얻을 수 있었다. 뒤에서 소개하는 이메일 내용은 상황을 좀 더 생생하게 이해할 수 있을 것이다.

2018년 베니스 총회 후 집행위원들과

회장 취임 후 첫 번째로 주재한 집행위원회와 총회를 2018년 10월 이탈리아 베니스(Venice)에서 진행하였다. 한국 회장 임기의 3개년 계획 승인, IGU 최초로 수립한 윤리강령(Code of Ethics) 채택과 함께 Public Affairs Director로 Mel Ydreos를 선임하였다.

당시 많은 회원들은 신임 회장의 지도력, 특히 영어 소통 능력에 대하여 반신반의하는 상태였다. 현재 거의 모든 국제기구는 영어가 공식어이므로 영어권 국가, 즉 미국, 캐나다, 호주, 영국, 인도 등의 대표들에게 홈구장이나 다를 바 없다.

특히 구글 등 세계적 회사에서도 인도 출신 CEO들이 능력을 발휘하고 있듯이 인도 출신 대표들은 영어와 숫자에 대한 탁월한 능력으로 국제회의에서 두각을 나타내고 있는 것은 이미 국제적으로 입증되고 있다. IGU 집행위원회 회의에 참석한 각 나라의 대표들은 영어 소통 능력이 탁월하여 의안 심의 시 토론이 활발하였다.

이런 회의를 주재할 때 나의 미흡한 영어 소통 능력을 감안하여 가능한 섬세한 묘사가 필요한 토론에 직접 참여하기보다는 중재자로서 함축적인 은유적 표현이나 속담을 주로 활용하였다. 다행히도 국내에서 각종 위원회 위원장으로의 경험이 영어로 주재하는 국제회의에서도 큰 도움이 되었다.

국제회의에서 우연히 동석했던 국제회의 주최자가 '왜 일본과 한국은 회의에서 첫 번째 발언자를 선호하는가?'라는 질문에 함축적인 의미가 있다고 하였다. 말하자면 토론 위주의 회의에서 자기 몫의 발언만 하고 침묵으로 일관하는 태도를 비꼬는 것 같았다.

IGU 자립형 사무국의 설치

에너지 관련 국제기구 중에서 사무총장 중심의 운영체제를 갖고 있는 WEC, WPC, IRENA, WLPGA 등의 기관과 달리 IGU는 창립할 때부터 회장과 사무총장이 집행력을 공유한 형태로 운영되어 왔다. 이러한 거버넌스(governance)로 인하여 회장 중심 행정 체제를 정관(Articles of Association)에는 명시하였지만, 재정 구조상 실질적인 운영은 회장과 사무총장의 2인 협력 체제로 운영되어 왔다.

사무국은 6년마다 사무국 후원국을 총회에서 표결로 선정하고 사무국 총장을 포함한 필수 인원과 소요 경비는 유치국의 기관이 부담하는 구조이다. 회장은 3년마다 선출되는 WGC 행사 유치국이 추천하고, 총회에서 확정하며, 회장의 모든 활동 경비는 유치국이 부담하는 것이 IGU와 유치국의 계약 조건이다. 이러한 재정적 이원 체제는 불가피하게 행정적 이원 체제로 운영하는 것을 당연시하였다.

한편 기후변화에 따른 에너지 전환(Energy Transition) 시기에 접어들면서 대외활동 프로그램에 대한 회원들의 요구가 다양해지고 행사 개최국의 기부금이 증가하면서 IGU 행정 처리의 신속성과 투명성을 향상시키자는 분위기가 고조되었다. 특히 후원국의 일방적 사무총장 임명과 파견 인력의 영어소통 능력 및 전문성에 대한 불만은 IGU 지도자 그룹에서는 심각한 수준이었다.

나의 좋은 파트너인 스페인 출신 Luis Bertran는 사무총장 임명 당시 영어 소통 능력이 수준 이하여서 영국에서 6개월 동안 어학연수를 하였다고 한다. 이를 빌미로 일종의 현 사무총장 축출 방안인 자립형 사무국과 전문 경영인 사무총장 운영체제를 급속하게 추진한 배경으로 추정된다.

이러한 계획을 보다 확실하게 추진하기 위하여 전임 회장인 David Carroll은 자립형 사무국 추진단장 자격으로 IGU와 사무국 후원기관인 Naturgy의 사무국 후원계약을 Naturgy의 구조조정을 명목상 이유로 2022년 말에서 2021년 말로 앞당겨 해약하여 IGU의 재정적 부담을 증가시켰다. 또한 자립형 사무국의 업무와 신임 사무총장의 책임과 권한 등에 대한 현 IGU 규정의 개정 없이 무책임과 졸속으로 신임 사무총장을 현 사무총장 임기 6개월 전에 미리 선임하여 사무 부총장의 직위를 부여하였다.

이러한 성급한 결정은 사무총장 교체기간 동안 신구 사무총장 간의 갈등, 심지어 신임 사무총장과 회장 간의 행정적 마찰을 야기하는 구조적 문제로 발전되었다. 특정인을 퇴출하기 위한 술책은 어느 조직에서도 기획될 수 있겠지만, 검증되고 완벽한 수순으로 추진되어야 조직에 큰 혼란과 주름살을 예방할 수 있다.

이러한 갈등 구조에 염증을 느낀 Luis Bertran 사무총장은 2021년 6월에 조기 퇴임해 버렸다. 이에 따라 IGU는 행정적으로 혼란 상태가 되었고, 더구나 Covid19 Pandemic 발생으로 회장과 사무총장 간에 파트너로서 친밀한 유대관계(skinship) 없이 모호한 의사결정 체계가 형성되었다.

신임 사무총장인 Andy Calitz는 남아공 출신의 영국인으로 30년 이상 글로벌 석유기업인 Shell에서 근무하였고, Shell 자회사인

Canada LNG CEO까지 역임한 전문 경영인이다. 참고로 그의 동료들이 명명한 Nickname인 'A bull in China Shop'이 암시하듯이 흥분하면 감정을 제어하지 못하는 성격이었다.

이러한 스타일이라서 의안에 대한 이견이 발생하면 그야말로 단일 노선에서 마주보는 방향으로 질주하는 브레이크 없는 기차와도 같은 심각한 상황이 연속되었다. 모든 의안과 토론이 비대면 시스템으로 진행되는 상황에서 이런 난맥상이 극도로 악화되어 선출된 사무총장을 공식 취임 2개월 만에 방출하게 된다.

Andy Calitz 방출의 결정적 사건은 자립형 사무국 운영체제와 전문 사무총장의 권한과 의무를 결정하기 위하여 소집된 운영위원회(MT) 회의에서 Andy Calitz는 사무국 권한 강화와 사무총장 중심의 운영체제를 조속히 도입하여야 한다는 주장을 강력히 피력하였다. 나는 수차례에 걸쳐 취임한 지 2개월 정도밖에 안 되고 사무총장과 사무국에 관련된 안건은 정관 개정이 필요한 사안으로 좀 더 여유를 가지고 준비하면서, 우선 IGU의 행정 업무와 새로운 사무국 설립에 집중하라고 설득하였다.

그러나 Andy Calitz는 마치 IGU 대표처럼 행동하고 회장인 나의 건설적 충고를 무시하였다. Andy Calitz의 일방적 행동을 방치할 경우 나의 남은 임기 동안 명목상의 회장으로 전락될 수밖에 없어 WGC2022행사 추진에도 큰 걸림돌로 될 것이 자명하였다.

그리하여 전차(前次) 회의에서 시간상의 이유로 중단된 의안을 토의할 목적으로 소집하는 차기 MT 회의에서는 제척 사유에 해당한다는 이유로 당사자인 사무총장인 Andy Calitz의 참석 없이 진행하겠다고 통보하였다.

Andy Calitz는 별명처럼 즉각적으로 회장이 본인의 참석 없이 회의를 진행할 경우 본인은 사퇴하겠다는 최후 통첩성(Ultimatum) 이메일로 공개적으로 응답했다. 이런 양자택일의 극단적 요구는 나를 진퇴양난의 곤궁으로 몰았다. 그의 어처구니없는 요청을 수용할 경우 회장의 모든 권위는 물론 필자의 IGU에 대한 신념도 물거품이 될 것 같았다. 즉각적으로 Andy의 거취를 결정하고자 이메일과 화상회의를 통하여 운영위원들을 접촉하였다. 이런 신임 사무총장의 과격하고 비외교적인 행동은 회장의 개인적인 권위뿐만 아니라 IGU 발전과 단결을 위하여 용납될 수 없는 도전이라고 MT위원과 IGU 지도자들을 설득하여 엄청난 난관을 마무리하였다.

나의 고민과 대응에 대한 자세한 사항은 이메일 교신 내용을 보면 명확히 파악할 수 있다. 이 사건은 나의 회장 임기동안 최대의 난관이었고 동양과 서양과의 문화적·사회적 의식구조를 몸소 직접 느끼고 배우는 과정이었다. 다음은 관련 이메일 교신 내용이다.

(2021.8.27): Andy Calitz 메일

I have just been reliably informed that the President has called a meeting for next week of the MT minus Secretary General plus two Regional Coordinators to discuss the amendment of the IGU Articles of Association.

I will on Tuesday 31 August submit my immediate resignation as Secretary General of the IGU, and publicly announce the same. I will refrain from this step if the planned meeting is cancelled.

The MT adopts - at a specially convened meeting of the

MT - next week a resolution that confirms its full support for changes to the Articles of Association to

(2020.9.1): Andy Calitz 메일

As advised on Thursday, and for reasons of the Presidency not governing the IGU in terms of our current Articles of Association by stating "no vote for the Secretary General in Management Team meetings", and for excluding the Secretary General from a meeting specifically convened on the amendment of our Articles of Association under the spurious reasoning of "conflict of interest", and the intransigence of the Presidency in aligning the Articles of Association with past decisions by the Council of the IGU, as taken in Jogjakarta in 2019, and related to the establishment of the Permanent Headquarters of the IGU, the location of the Permanent Headquarters in London, the existence of the Secretariat, the role of the Secretary General, and the external selection of the Secretary General under clause 2 of my employment contract, I hereby - with regret - give notice that I am terminating my employment by the IGU.

(2021.9.2): 필자의 집행위원회 공유 메일

> Dear all,
>
> As said in the yesterday's meeting, I am briefing the outcome from the Andy's meeting with all of you.
>
> First, I clearly informed our collective decision accepting his resignation.
>
> However an issue surged on how to interpret the effective date of resignation.
>
> ·What we all observed was that he has immediately resigned on August 31 as his first email dated on August 26 in the attached says.
>
> ·What Andy contends is that on August 31 he is giving his 6 months' notice to IGU as his third email says.
>
> Seeking your wisdom, I am attaching the email threads from Andy and the relevant clause in his employment contract.

(2021.9.3): Andy Calitz에게 보낸 필자의 메일

> This email acknowledges the receipt of your resignation email on August 31, 2021 according to Clause 21.1 of your employment contract and your resignation is accepted as informed in the one-on-one meeting on September 2, 2021.

The representatives on behalf of the IGU will contact you to lead a soft landing for terminating your employment contract as written in the Clause 23.

(2022.9.17): 필자의 집행위원회 공유 메일

Dear EXC members,

I am writing today to announce that the IGU Secretary General Andy Calitz has decided to leave the IGU. His resignation was tendered to the President and Management team has been accepted and communicated to all members of the Secretariat team.

The exact date of his departure is under negotiation. We thank him for his efforts in the past months, especially setting up an excellent new Secretariat team.

이렇게 IGU에서 불미스럽게 사직한 Andy Calitz를 2022년 3월 휴스턴 CERAWeek에서 뜻밖에 만났지만, 지난 악연을 접고 화해하고자 오찬에 초청하여 처음으로 대면하면서 2시간 이상 오찬 대화를 하였다.

처음부터 Andy Calitz를 대면으로 상대했다면 그의 성품을 사전에 파악하여 이런 불필요한 파국은 당연히 피할 수 있었고, 개인적으로 좋은 파트너의 인연과 유능한 사무총장으로 IGU 발전에 기여할 수 있는 기회를 놓친 것 같아 무척 안타깝다는 것이 필자의 솔직한 고백이다. 이번 경험에서 대화의 형식과 상황이 결과를 바꿀 수 있다는 점을 절실히 실감하였다.

Andy Calitz의 방출은 2020년 9월초에 결정되었지만 Andy Calitz의 고용계약 조항에 대한 이견으로 약 3개월 동안 지루한 법적 논란이 계속되었다. 이 같은 혼란의 시기는 Andy Calitz에게 연봉의 반을 지급하는 조건으로 타협하여 마무리되었다.

이 과정에서 오고 간 서신 내용을 보면 사태의 심각함을 이해할 수 있을 것 같아 수록하였다. 이 과정에서 acknowledge와 accept의 차이에 대하여 명확히 인식하게 되었다. Acknowledge는 단순히 사표를 인지하고 다음 절차로 진행하겠다는 뜻이고, 반면에 accept는 회장으로 사표를 결정하겠다는 뜻으로 법정 쟁의 발생 시 회장에게 책임을 물을 수 있었으므로 MT 위원들과 집단적 책임으로 분산하기 위한 표현이다.

또 다른 영어 표현의 미묘한 뉘앙스 차이를 소개하자면 다음과 같다. 영어의 hearsay와 horsemouth는 본인이 집행위원회 회의에서 캐나다 가스협회 회장인 Tim Egan이 특정인의 언급 없이 소문(hearsay)을 근거한 주장으로 회의를 지연하고 있었다. 나는 회의 의장으로 그에게 소문은 큰 목소리는 될 수 있지만, 사실이나 다수의 대변은 아닐 수 있다고 하면서 소문의 진원지(horsemouth)에게 직접 물어 보자고 하면서 그의 장황한 발언을 중지시켰다.

"What you are saying is hearsay, let horesemouth speak. Also I noticed a big voice is not always the voice of majority."

2019년 10월에 개최된 인도네시아 족자카르타 총회는 자립형 사무국 장소를 선정하는 역사적 회의였다. 스페인 사무국의 영어 소통 능력을 불평하는 시점에 영어 소통 능력을 갖춘 행정 직원 고용의 용이성이 중요한 선정 조건이었다. 최종 경쟁도시인 프랑스 파리를 뿌리치고 당시 브렉시트(Brexit)로 극심한 혼란에 처해 있는 영국 런던으로 결정하게 된 이유이다. 또한 선통석으로 영국에 우호적인 미국, 캐나다, 호주, 말레이시아를 포함한 동남아 국가들의 지지가 결정적이었다.

한편 영국은 전통적으로 노동당 정서가 강한 나라이므로 고용자보다는 피고용인의 권리를 우선하는 고용문화를 갖고 있는데, 이는 Andy Calitz의 퇴출 사건에서 명백히 드러났다. 물론 총회 투표 전 외부 전문가가 포함된 장소별 검토의견서에서조차도 이러한 핵심적이고 중요한 요소는 파악되지도 않은 채 졸속으로 결정되었다.

또 하나의 큰 오류는 영국 상법상 모든 조직은 회사와 비영리단체 2개만 선택이 가능하다는 것이다. IGU는 성격상 비영리 단체이지만 3대 행사의 수익금의 일부를 재정 운영에 사용하므로 비영리 단체는 수익을 위한 홍보를 금지하는 조항 때문에 할 수 없이 회사(Company)로 등록하였다.

영국 상무성(Department of Trade and Industry, DTI)에 IGU 사무국을 IGU Secretariat Ltd로 등록하고, 이 단체의 Director 즉 CEO는 Andy Calitz가 되어 그야말로 견제장치가 없는 독립적 운영기관으로 변하여 있었다. 이러한 제도 때문에 Andy Calitz가 회장에게 도전하는 계기가 된 것은 분명한 듯하다.

물론 이러한 미래의 IGU 운용체제를 좌우하는 사항도 회장과의 사전 협의나 쟁점에 대한 보고 없이 사무국 주도로 진행되었다. 순환형의 사무국 체제에서는 후원기관이 정기적으로 사무국 운영을 철저히 관리하여 회장의 주요 관심사는 아니었다. 자립형 사무국을 설립할 때 발생될 수 있는 모든 시나리오에 대한 면밀한 검토 없이 스페인 사무국의 퇴출만을 염두에 둔 IGU 사무국 체제 전환추진단 위원들과 일부 동조자들의 오판의 결과로 발생한 흔적의 재정립은 IGU가 앞으로 극복해야 할 큰 숙제인 것은 분명하다.

조직의 지배구조(governance)를 변경할 때는 추진의 신속성보다는 완결성이 더 중요하다는 것을 실감하였다. 또한 신임 부회장인 Andrea를 중심으로 IGU 운영체제에 관한 정관 개정을 줄기차게 요청하였다. 나는 사무국 체제와 장소 선정 시 졸속으로 미처 예측하지 못했던 각종 돌출변수 출현을 최소화하고자 IGU 운영체제에 관한 중요한 정관 개정은 장기적, 순차적으로 진행해야 한다는 의견을 고수하여 차기 회장으로 넘겼다.

이후 IGU 사무국의 급여지급, 경비지원, 재정활동 등 일상 업무의 연속성을 유지하고, 법적요건으로 사무국의 Director를 Andy Calitz에서 다른 사람으로 변경하는 일이 요구되었다. 그리하여 임시 사무총장을 일시적으로 각 팀장에게 부탁하였지만 재정적 파탄 시 관리의 책임 때문에 고사하였다.

이러한 상황에서 할 수 없이 회장인 나의 이름으로 등록하여 서류상으로 사무총장과 회장을 겸임하는 기간을 거의 1년 정도 보냈다. 본의 아니게 IGU 사무국 법인으로 영국에 등록된 회사인 IGU Secretariat Ltd의 CEO가 되어서 한국 국세청에서 외국투자신고를 하라는 촌극도 있었다.

Andy Calitz의 사무총장 퇴출 즉시 일상적 운영의 공백을 최소화하기 위하여 사무총장 선임 위원회를 임시 집행위원회에서 승인받아 본격적인 공모 작업을 시작하였다. 나는 회장 임기가 6개월 남지 않고 WGC2022 행사준비에 전념하고자 차기 회장인 Li Yalan을 의장으로 선임하여 추진하도록 하였다. 임시 집행위원회에서 헤드헌터(head hunter)를 참여시키자는 의견도 강력히 제시되었지만 신속한 후임 선정을 이유로 완강하게 거부하였다.

그러나 실질적 이유는 개인적으로 여러 네트워크를 통하여 수소문한 결과 예상외로 전 영국 EU 파견대사와 Shell 자회사 CEO 경력, 영국 작위를 가진 John Grant라는 최선의 적임자를 물색하였기 때문이다. 수차례 나와 회상회의 면접으로 인품과 전문성을 확인한 후 Li Yalan에게 적극 추천하였고 차기 회장 Li Yalan도 나의 의견에 동의하였다. 에너지 전환기에 대외기관과 협조, 집행위원들 간의 공동의식 수렴 등에 그의 외교관 경력이 IGU 운영에 큰 도움이 될 것이라 확신하였다.

사무총장 선임 위원회의 결과는 순조로울 것으로 예상되었지만 뜻밖의 결과가 나왔다. 일부 선임위원들과 후보자 간 면담과정에서 의도적으로 아주 불쾌하고 결례가 되는 질문으로 인하여 John Grant는 구두로 중도 사퇴하여 전 석탄협회 사무총장을 역임했던 호주 출신 Milton Catelin이 선임 위원회에서 추천되었다고 보고하였다.

추측하건대, 화려한 경력과 영국 작위까지 가진 사무총장의 출현은 영어 소통 능력이 약한 중국 회장을 대신하여 부회장 중심의 대외활동을 주도하려는 신임 부회장의 야심이 제한받을 수 있다는 점에서 Andrea Stegher가 주도적으로 반대한 것 같다.

전임 회장으로서 이런 결정조차 관철시키지 못한 현 중국 회장의 IGU에서의 지도력이 심히 걱정된다.

참고로 필자는 회장 직권으로 John Grant의 중도 사퇴에 대한 공식적 문서가 없다는 이유로 양자를 집행위원회 투표에 참여시켰다. 집행위원회 투표 결과 선임위원회가 추천한 Milton Catelin과의 표

차이는 극히 근소하였다.

만약 Andrea의 계획적이고 조직적인 반대가 없었다면 IGU는 John Grant를 사무총장으로 임명해서 이러한 어려운 시기를 무사히 항해할 수 있었을 것으로 조심스럽게 예측해 본다.

Andy Calitz 퇴출 사건을 교훈 삼아 Milton Catelin의 사무총장 고용계약 시 Probation 기간 중 쌍방 해약을 누구나 할 수 있도록 하였지만, 운명의 신은 IGU 편이 아니었다. Milton Catelin은 사무총장으로 취임하자마자 목 주변의 암(cancer) 판정을 받아서 런던 사무국은 행정적으로 마비되었다고 해도 과언이 아니었다.

중국 회장은 나에게도 Milton Catelin의 중도 퇴출 방안을 강력히 요구하였지만, 영국 고용법상 건강상태를 이유로 고용계약 해지는 또 다른 법적 쟁의를 유발한다는 현지 변호사 의견을 고려하여 중국 회장의 임기로 사무총장 퇴출 건을 넘겼다. 한국에서는 본인이 암과 같은 심각한 건강상태가 되면 자발적으로 사임하지만, 서양 문화는 그게 아닌 것 같다. 아무튼 중국 회장은 출범부터 큰 암초를 만난 것 같아 전임 회장으로서 안타까울 따름이다.

에너지 전환시대의 에너지 산업 현황

현대 인류의 삶과 경제는 18세기 산업혁명 이전과 비교할 때 비약적인 발전과 성장을 이루었다.

1800년과 2020년을 비교하면 인구는 9.9억 명에서 78억 명으로 8배 증가, GDP는 0.7조달러에서 86조 달러로 120배 증가, 1차 에너지 사용량은 20EJ(Exa Joules)에서 550EJ로 30배 증가하였다. 이러한 인류 문명의 발전에는 산업혁명의 기술혁신과 이를 뒷받침해 준 동력원인 충분한 에너지 공급이 있었기 때문이다.

인류 문명은 새로운 에너지의 개발에 따라 발전해 왔다. 18세기까지 주요 에너지원으로는 수력, 풍력, 나무, 고래 기름 등이 활용되었다. 우리 인류의 획기적인 도약의 원인으로는 18세기 중엽 영국을 중심으로 발전한 산업혁명을 들 수 있다. 산업혁명에서 기술혁신의 성공 요인 중의 하나는 검은 돌인 '석탄'이라는 고밀도 화석 에너지가 있었기 때문이다.

1차 산업혁명의 발생지인 영국은 석탄으로 동력화한 증기선과 증기기차를 개발하여 물자와 자원의 세계적 유통과 무역을 가능하게 함으로써 전 세계의 경제 주도권을 확보하여 거의 300년 가까이 Pax Britannica 시대를 열었다. 또한 자원이나 제품 개발과 국제 간 거래에서 가능성만 충족하면 추진하던 시대에서 경제성도 고려하는 시대로 발전되었다. 이런 시대적 변천에 따라 영국 에딘버러 대학에서 Adam Smith의 경제학 강좌가 태동하였다는 것은 우연이 아닌 역사적 필연이다.

수송 연료로서 석탄은 불완전한 에너지원이었다. 이러한 결점을 보완하기 위하여 독일을 중심으로 석탄에서 추출한 가솔린으로 움직이는 내연기관 자동차를 개발하고 있었다. 내연기관의 새로운 에너지원에 대한 수요가 증대되는 상황에서 중동에 많은 식민지를 통치하고 있는 영국은 석탄 시대를 이어갈 석유(petroleum: petro 암석, leum 액체)가 중동국가에 엄청나게 부존함을 인지하고 이의 개발에 지대한 관심을 갖고 있었다. 혹자는 1차 세계전쟁에서 미국이 연합군으로 참전한 배경을 중동 석유 개발권을 영국과 미국이 공동으로 소유한다는 밀약으로 보는 시각도 있다고 한다.

1차 세계대전 후 본격적으로 석유 개발이 추진되어 석유의 시대를 열었다. 석유는 정제기술의 발전으로 에너지원으로서의 장점뿐만 아니라 화학제품 원료로서도 각광을 받고, 석탄보다 더 뛰어난 에너지원으로서 대세로 자리하게 되었다. 어떻게 보면 석유는 우리 인류에게 기적의 에너지라고 할 수 있다. 그만큼 활용도가 많다는 의미다.

추측하건대 현재 진행 중인 에너지 전환 시대에 석유는 태워버리는 연료보다는 인류의 삶을 편하게 하는 제품의 원료로서 더욱 소중하게 활용될 것으로 믿는다.

석탄, 석유와 같은 화석 연료는 유한한 에너지원이다. 이러한 자원의 유한성을 극복하기 위해서 원자력 에너지원에 의한 전력생산 기술을 개발하였지만 미국, 러시아, 일본에서 발생한 대형 참사에서 목격했듯이 아직은 안전성이라는 한계를 가지고 있다.

한편 2000년 초부터 지구환경 변화에 따른 Narrative는 Global Warming & Cooling에서 2010년에 스웨덴의 10대 환경 운동가인 Greta Thunberg로 대변되는 Climate Change, 결국은 신재생에너지 주도론에 근거한 Decarbonation, Net Zero로 변화하였다. 지구의 자연 생태계에서 발생하는 이산화탄소(CO_2)를 제외하면 화석 에너지원의 연소 등 인간 활동에 의한 이산화탄소 배출이 거의 대부분을 차지한다.

한편 이산화탄소를 배출하지 않는 진정한 청정 에너지원은 지구상에서 아직 존재하지 않는다.

태양광, 풍력도 관련 광물 채취와 부품 제조 과정에서 많은 화석에너지로 생산된 에너지를 사용하고 있다. '진정한 의미로 무탄소(carbon-free) 기반의 에너지 유토피아 세상이 도래하는 순간이 올 수 있을까?' 하는 의구심을 필자는 강하게 가지고 있다.

새로운 에너지원이 인류생활에 등장할 때마다 인류는 이러한 에너지를 천사(Angel)처럼 받아들이지만, 사용량이 많아지고 확산될수록 부작용과 오염을 발생시키는 악마(Satan)로의 인식 변화를 예외없이 해오고 있다. 1800년 산업혁명을 주도한 석탄, 세계를 작고 풍요롭게 만든 석유, 엄청난 발전 효율성을 지닌 원자력 에너지원 등이 대표적인 예라고 할 수 있다. 사실은 악마도 본래는 천사였다는 점(the Devil was once a beautiful angel)에서 새로운 에너지원에 대해서 천사와 악마의 비유는 너무나 설득력이 있다고 하겠다.

석유와 함께 부존되어 있는 천연가스는 1960년대까지는 석유의 부산물 또는 처분하기 힘든 귀찮은 존재 정도로 여겨졌고, 대기 중으로 배출하거나 생산된 가스를 태워버리는 쓸모없는 에너지원이었다.

19세기 초에 영국 런던에서 가스등이 사업화되었고, 가스 가로등은 유럽의 도시를 안전하게 만들었다.

1964년에 영국과 프랑스는 이러한 천연가스의 잠재성을 인지하여 알제리로부터 가스를 구매하여 LNG로 수송하였다. 이후 1973년과 1979년의 두 차례 글로벌 석유 파동을 겪고 나서 석유 소비 비중을 줄임과 동시에 에너지원의 다변화를 위하여 일본과 한국을 중심으로 LNG(액화천연가스) 산업이 세계 주요 에너지원(global energy mix) 산업으로 전면에 등장하게 되었다.

LNG의 주요 소비처는 발전, 난방, 수송, 산업, 화학연료 등이다. 천연가스가 LNG라는 기술로 이동성(mobility)을 확보함에 따라 그동안 파이프라인을 활용하여 유·가스전 주변 지역으로만 공급되던 천연가스는 지역 에너지에서 글로벌 에너지 상품으로 변신하게 되었다. 현재 석유는 생산량의 85%가, 천연가스는 35%가 글로벌 에너지 상품(energy commodity)으로 거래되고 있다.

천연가스는 일본, 유럽, 중국 등의 국가에 중요한 청정 에너지원으로 공급되고 있다. 세계 에너지 시장에서 거래되는 천연가스의 3분의 2를 차지하는 미국, 캐나다, 유럽 등은 PNG(Pipeline Natural Gas)의 주요 시장이고 최근에는 러시아의 에너지 수출 동진 정책으로 주요 수요처에 중국이 포함되었다. 특히 유럽시장의 천연가스는 노르웨이가 4분의 1, 러시아가 3분의 1을 공급하고 있다. 반면 LNG 시장은 일본, 한국, 타이완 등의 아시아 국가 중심으로 시작하여 세계적인 에너지원이 되었다.

가스를 사용하고 있는 나라의 경제력을 살펴보면 천연가스 자원 부존국가를 제외하면 저개발(低開發) 국가는 거의 없다. 가스의 에너지원 활용은 국가적으로 엄청난 규모의 사회 기간시설

(infrastructure)에 대한 선(先)투자가 요구된다. 현재는 가스 관련 기술의 획기적인 발전으로 가스 활용시설의 투자가 합리적인 수준으로 근접하여 세계 가스시장은 더욱 확대될 것으로 전망된다.

한국도 1980년 후반기부터 전력 에너지원으로 LNG를 수입하여 2021년 현재 국내 발전 에너지 믹스의 29%를 차지하지만 석탄 발전의 퇴장 속도와 더불어 확대될 것은 자명하다. 한때는 한국이 세계 2대 LNG 수입국이었고, 한국가스공사는 세계 최대 단일 구매자였다. 참고로 지금은 일본 중부발전과 도쿄발전의 합작사인 JERA(Japanese Electrical Power Generation Company)가 세계 최대 단일 구매자이고 일본이 세계 최대 LNG 수입국이다.

LNG 산업 유통구조
(자료 : 독일 연방지구과학 및 천연자원연구소)

지구온난화 대응이 글로벌 어젠다가 됨에 따라 이제 탈(脫)탄소·저(低)탄소 에너지원으로의 전환은 거역할 수 없는 시대적 요구이다. 이에 따라 전 세계적으로 풍력과 태양광 등의 재생에너지 개발이 확대되고 있다. 그러나 재생에너지 중에서 가장 큰 부분을 차지하는 풍력과 태양광 발전의 가장 큰 문제는 간헐성과 변동성이다. 이러한 공급 불확실성이 높은 재생에너지를 활용한 에너지 시스템을 안정적

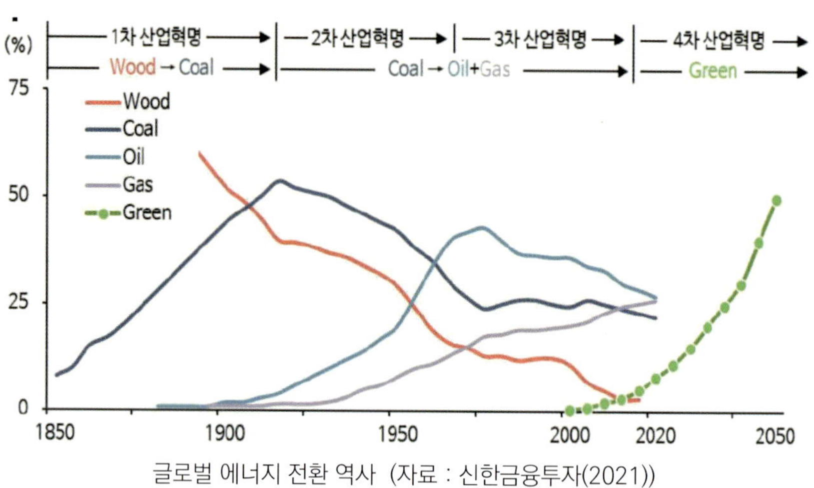

글로벌 에너지 전환 역사 (자료 : 신한금융투자(2021))

으로 운영하기 위해서는 천연가스와 같은 저탄소 에너지원과의 협업이 필요하다.

BP 보고서에 의하면 2020년 말 전 세계의 천연가스 매장량은 188조M^3로 현재 사용량 기준으로 약 50년 이상 사용할 수 있는 매장량이 이미 확보되어 있고 탐사활동에 의해 매장량은 지속적으로 증가할 수 있다.

천연가스는 석탄에 비하여 이산화탄소 배출량이 훨씬 낮고 또한 이산화탄소 포집·활용·저장(Carbon Capture Utilization Storage, CCUS) 기술을 적용한 블루수소(blue hydrogen)를 활용하여 재생에너지의 간헐성과 변동성을 보완할 수 있는 저탄소 에너지원이다.

재생에너지 주창자는 에너지 전환에서 가스의 가교 역할을 절대적으로 부정한다. 주장의 주된 이유는 재생에너지 시대 도래의 속도를 늦춘다는 것이다.

반면에 전통의 글로벌 메이저 기업들은 기술개발과 혁신으로 화석 연료도 세계 에너지원으로 동행이 가능하다는 주장이다. 이러한 대표적인 기술이 CCUS와 에너지 저장 기술이다. 아무튼 에너지 전환(Energy Transition)은 에너지 혁명(Revolution)보다는 인류가 수용할 수 있는 속도와 크기로 진행하는 진화(Evolution)가 좀 더 안전하고 합리적인 선택이 될 것으로 보인다.

그동안의 기후변화 최우선 대응을 위한 에너지 정책이 Covid19 Pandemic에 의한 전 지구적 락다운(lockdown), 미-중의 패권 다툼, 러시아-우크라이나 전쟁으로 인하여 글로벌 에너지 공급망의 혼란을 겪으며 화석 에너지원에 의한 인식은 급격하게 변하고 있다. 필자가 2021년 12월 WPC 휴스턴 총회에 연설 차 참석하여 느낀 현장 분위기는 신재생에너지 기업을 제외하고 모든 전통 에너지 기업은 '출구전략(Exit Plan)을 마련해야 한다.'는 것이었다.

심지어 축사를 하려고 참석한 미국 에너지 차관은 현재 메이저 기업의 종업원 70~80%가 신재생에너지 기업으로 이직을 희망하니 정부가 장려하고 있는 탈(脫)화석 연료 정책에 동참하라는 경고성 발언도 하였다. 그러나 3개월 후 동일 장소에서 개최된 에너지 다보스 포럼(Dabos Forum)인 CERAWeek에서는 화석 에너지에 대한 인식은 천지개벽한 것처럼 변했다.

요약하면 기술적·경제적 미완성체인 신재생에너지 일변도 정책의 급격한 추진은 지구적 명제인 기후변화 대응에 아무런 도움이 안 되고 오히려 에너지 공급망을 와해하여 전 세계 에너지 위기를 거쳐 세계경제 위기로 발전할 수 있다는 경고성 담론이 주류였다. 이러한 담론의 대표적 인사가 에너지업계의 학문적 대부인 Daniel Yergin 박사이고, 세계 환경 대사인 John Kelly도 이러한 담론에 동의하며 가스와 재생에너지의 동반자적 관계를 인정하였다.

스페인 독감 이후 100년 만에 도래한 Covid19에 의한 Pandemic, 2022년 러시아-우크라이나 전쟁은 글로벌 에너지 공급망과 기후변화 담론에 대한 근본적이고 구조적인 인식에 대한 변화를 초래하였다.

필자는 에너지는 현대 경제의 기본적 근간이므로 급격한 변화는 불필요한 혼란만 초래하고 보조금(subsidy)에 의존한 신재생에너지 추진 정책은 에너지 시장구조를 왜곡하므로 장기적, 균형적이고 지역적 특성에 맞는 합리적, 순차적 정책이 필요하다고 생각한다.

은유적으로 표현하자면 기후변화에 의한 질병에는 두 가지 다른 DNA를 가진 병균이 있다. 온실가스 배출은 만성질병이라 비타민과 같은 지속적인 관리로 지구환경 면역력 강화가 효과적이고, 대기질의 악화와 같은 오염은 급성질환이라 석탄 발전을 가스로 연료 전환하는 것과 같은 효력이 나타나듯 신속히 반응하는 항생제 처방이 최선의 선택일 것이다.

필자는 미래 에너지원이 보다 다양해지고, 소규모화하고, 지역적 특성에 따라 선택될 것으로 예상한다. 다시 말해 모든 대륙의 에너지 문제를 일괄적으로 해결해줄 수 있는 만병통치약(Silver Bullet, 銀彈)과 같은 에너지원은 없을 것이라고 조심스럽게 단언한다.

에너지 불평등과 연료 전환의 당위성

각 국가의 기후 대응은 이제 국제적 어젠다를 넘어 주요 외교정책의 가이드라인이 되고 있다. 유럽 선진국 대비 아시아의 중국, 인도, 일본과 우리나라의 석탄 발전 비중은 상대적으로 높고, 영국, 독일 등의 유럽 국가들은 종료 시점만 다를지언정(영국 2030년, 독일 2038년), 석탄발전 중지를 선언하였다.

이러한 석탄 발전 중지 선언에도 불구하고 중국, 인도, 우리나라와 같은 국가들은 자국 내 화력발전소 건설계획은 그대로 진행하고 있다. 그 이유는 탄소세가 낮은 국가에서는 석탄 발전이 아직 타(他)발전원 대비 가격경쟁력과 연료 접근 측면에서 유리하기 때문이다.

유럽을 비롯한 선진국과 중국, 인도 같은 세계적 리더급 국가들의 행태에 의해서 가장 큰 피해를 보고 있는 국가들은 바로 저소득 개발도상국들이다. 이들 저소득 국가들은 기후 변화에 따른 글로벌 에너지 전환 정책으로 인하여 화석연료, 특히 석탄발전소 투자 등의 인프라 투자에 제동이 걸림에 따라 해외로부터의 투자가 급속히 위축되어 에너지 불평등이 더 심화될 수 있다.

전 세계 이산화탄소 배출량의 현황을 살펴보면 다음과 같다. 1850년부터 2019년까지의 누적 이산화탄소 배출량은 2400±240Gton

이다. IPCC 6차 평가보고서에 의하면 지구 온도를 산업혁명 이전 대비 1.5℃ 이내로 상승을 억제하기 위한 잔여 배출 가능한 이산화탄소 배출량은 약 330Gton이다. 2019년의 이산화탄소 배출량은 34Gton으로 전 세계 이산화탄소 배출량은 현재와 같은 수준으로 유지할 경우 남아있는 기간은 약 10년 정도이다.

2022년에 전 세계적으로 일어나고 있는 이상기후 현상을 보면 바로 지금 절박하게 기후변화에 대응하기 위한 청정에너지로의 전환을 촉구하고 있다. 반면에 G2국가인 미중의 갈등, 러시아-우크라이나 전쟁 등에 의한 에너지 위기로 경제위기를 겪고 있는 현실에서는 에너지 안보의 중요성을 실감하게 되는 혼란 시기임에 틀림없다.

온실가스 중의 하나인 이산화탄소의 인당 배출량은 국가 간 탄소 배출량의 불평등이 매우 큼을 알 수 있다. 전 세계에서 인당 이산화탄소 배출량이 가장 많은 국가들은 석유를 생산하면서도 한편으로는 인구밀도가 높지 않은 산유국들이다.

카타르는 2017년에 인당 이산화탄소 배출량이 49톤/인, 트리니다드토바고가 30톤/인, 쿠웨이트 25톤/인, 아랍에미리트 25톤/인, 바레인 23톤/인, 사우디아라비아 19톤/인 등이다. 미국, 호주, 캐나다 등과 같은 선진국들은 인당 배출량이 높고, 인구도 많아서 총 배출량도 많다. 호주의 경우 인당 배출량은 17톤/인, 미국 16.2톤/인, 캐나다 15.6톤/인이다. 이들 국가들의 인당 이산화탄소 배출량은 전 세계 평균인 4.8톤/인에 비해서 3배나 많이 배출하였다.

반면 유럽 국가들은 이들 국가들에 비해서 인당 이산화탄소 배출량은 훨씬 낮은 수준이다. 2017년에 포르투갈의 경우 5.3톤/인, 프랑스 5.5톤/인, 영국 5.8톤/인이었다. 유럽 국가들이 다른 선진국에 비하여 원자력과 재생에너지를 많이 활용하기 때문에 인당 이산화

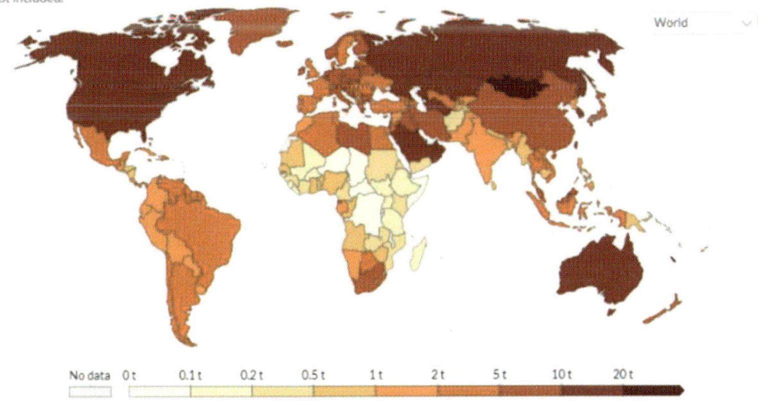

전 세계 인당 이산화탄소 배출량(2020)
(자료 : Our World in Data)

탄소가 적게 배출되는 것도 이유 중의 하나이다. 한편으로는 사하라 사막 주변의 차드, 나이지리아, 중앙아프리카공화국 등과 같은 국가들의 이산화탄소 인당 배출량은 0.1톤/인 수준이다. 이들 국민들의 연간 배출량은 미국이나 호주에서는 단지 2~3일 내에 배출하는 것과 같은 수준이다.

기후변화에 따른 탈(脫)탄소·저(低)탄소로의 에너지 전환은 이미 되돌릴 수 없는 글로벌 에너지·환경 패러다임이 되었다. 그런데 문제는 이산화탄소 배출량이 낮은 국가들이 에너지 빈곤국이라는 점이다. 대부분의 아프리카 국가 국민들의 절반은 전기를 제대로 공급받지 못하고 있는데, 이들 국가들에게 탄소 중립을 강요하기에는 너무 가혹하다고 할 수 있다.

미국의 싱크탱크인 'Energy for Growth Hub'에 의하면 아프리카의 전력 소비가 현재의 3배 수준으로 증가하고, 이를 모두 가스 발전으로 충당한다고 해도 세계 탄소배출 증가량은 약 0.62%에 불과한 수준으로 미국 루이지애나 주의 탄소배출량 수준이라고 한다.

따라서 에너지 전환과 탄소 중립 정책은 해당 국가의 에너지 상황에 맞추어 진행하는 것이 중요하다고 할 수 있다. 아직 에너지 부족으로 인한 에너지 빈곤 국가들에게는 국민들의 에너지 접근성이 우선되는 에너지 전환 정책이 중요하다. 전 세계적으로 아직도 전기나 청정에너지에 접근할 수 없는 인구가 약 30억 명이다. 중국, 인도, 아프리카 등의 국가에서는 식사 준비에 나무, 석탄, 동물 배설물 등의 고체 연료를 사용하고 있어 이들 연료에서 나오는 연기의 부작용으로 여성과 아이들이 많이 희생되고 있다. 건강, 안전, 공해 측면에서 심각한 문제를 야기하는 셈이다.

인도에서는 2007년 기준 요리를 위해 사용하는 연료에서 나오는 유독성 연기로 인하여 매년 160만 명이 사망하고 있다. 이러한 고체 연료의 연소 과정에서 유독성 물질의 방출로 인하여 세계 각지에서 20초마다 한 명씩 죽고 있는 슬픈 현실이다.

에너지 빈곤은 해법이 있는 문제라고 할 수 있다. 에너지 빈곤 해결과 에너지 접근성을 높이기 위한 가장 좋은 방법은 청정연료 중의 하나인 천연가스를 활용하는 것이다.

인도네시아는 많은 섬으로 이루어진 국가로 가정 연료로 등유(케로신)를 많이 사용하고 있는데, 이를 이동과 보관이 용이한 LPG로 전환하여 저소득 계층의 에너지 빈곤 해결과 접근성을 높이는 에너지원으로 활용하고 있다.

풍부한 가스 매장량을 보유하고 있는 나이지리아에서도 에너지 전환 연료로 가스를 채택해 에너지 빈곤에서 탈출하고자 하고 있다. 또한 2021년에서 2030년까지를 가스 10년으로 선언하고 기존의 디젤, 가솔린을 가스로 대체하여 국가산업 육성의 기회로 활용하고 있다.

국가의 사회적, 경제적, 정치적 발전에서 에너지의 역할은 매우 중요하다. 특히 에너지 접근성의 강도는 국민의 건강과 교육에도 중요한 영향을 미친다. 이러한 측면에서 에너지 빈곤국가에게는 국가 발전에 있어서 국민들의 청정에너지 접근성을 높이기 위한 정책이 절실하다. 천연가스는 석탄에 비하여 이산화탄소를 포함한 공해물질 배출이 낮은 에너지원으로서 에너지 빈곤국가의 청정에너지원으로서 LNG와 같은 고도의 인프라 시설 없이 LPG의 형태로도 에너지 접근성을 높일 수 있는 에너지다.

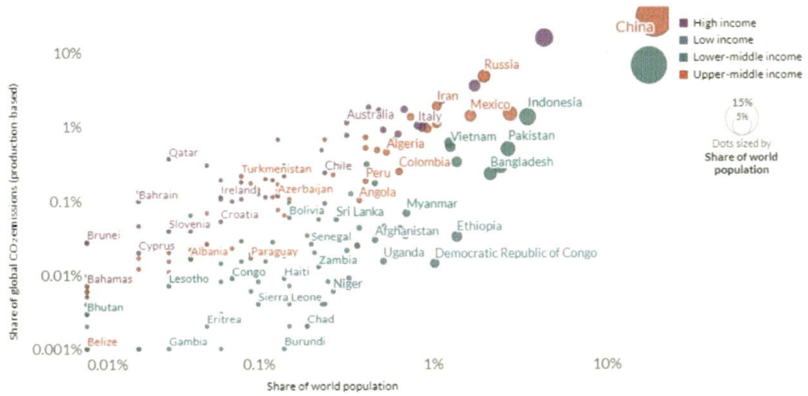

국가별 이산화탄소 배출량과 인구 비중(2015)
(자료 : Our World in Data)

2000년 전후부터 세계적으로 경제적 빈곤으로부터 탈출하기 위하여 농촌에서 도시로 인구가 집중되는 도시화 현상(urbanization)이 심화되고 있다.

농촌에서 탈출한 사람들은 직장이 있는 도시 중심에 살지 못하고 근교 도시에서 가솔린 대비 연비가 좋은 디젤 엔진차로 통근한다.

이러한 세계적인 도시화 현상은 도시 내의 대기질을 심각하게 악화시켜 폐질환 등 관련 질병으로 800만 이상이 사망하고 있다. 디젤 엔진 차는 효율은 좋지만 황산화물(SOx), 질소산화물(NOx)과 같은 공해물질을 가솔린 자동차보다 30% 이상 배출하여 유럽과 미국에서는 디젤차 생산을 중단하고 있다.

이러한 측면에서 천연가스는 화석연료 중 석탄보다 50%, 석유보다 30% 적게 이산화탄소를 배출하고, 수송에서는 SOx, NOx의 배출이 없는 연소로 대기질을 향상시켜 삶의 질을 개선할 수 있다.

우리나라도 경유 화물차를 LPG 화물차로 전환하는 정책을 실시하여 화물차의 80%가 집중되어 있는 대도시의 대기질을 개선하고 있다. 대표적인 천연가스 확대의 성공사례인 중국의 파란하늘 정책(Blue Sky Policy)으로 중국 대도시 오염을 급속히 낮추는 데 기여하였다. 중국의 가스 소비량이 2000년 기준 3,000만 톤으로 인도와 동일하였는데 20년 후에는 인도는 6,000만 톤으로 증가한 반면 중국은 1억 8천만 톤이었다는 사실이 천연가스가 대기질을 개선하였다는 실증 사례이다.

또한 천연가스의 환경적 특성과 더불어 경제적 특성도 간과할 수 없다. 아프리카, 아시아 저개발 국가는 자국의 영토와 영해에 엄청난 가스를 매장하고 있어 이러한 에너지 자원개발로 경제력 증진의 기회와 환경적 수혜를 동시에 추구할 수 있다.

최근에 경쟁적으로 발표하고 있는 선진국 금융기관의 단견적이고, 획일적인 화석 에너지 자원개발 금융지원의 중지정책은 저개발 국가의 경제력 승진과 친환경적 국가건설의 기회를 박탈하고 있나. 역설적으로 선진국들은 자원개발 사업으로 엄청난 국부 창출을 이루어 현재의 선진사회를 건설하였고, 반면 후발주자인 저개발 국가의 발전 기회를 제한한다는 것은 자기모순의 논리에 가깝다.

3장

글로벌 가스 산업의 대변인 IGU의 주요 대외활동

대외활동 대상기관

IGU는 글로벌 에너지 관련 유관 기관들과의 파트너십을 통하여 새로운 비즈니스 창출과 가스 산업의 발전을 도모하고 있다.

IGU 파트너 기관 (출처: 한국가스연맹)

COP(Conference of the Parties, 기후변화당사국총회)

1992년 유엔 환경개발회의에서 체결한 기후변화협약의 구체적인 이행 방안을 논의하기 위해 매년 개최하는 당사국들의 회의로, 정책 입안자 및 시민단체와의 교류, 기후변화 관련 천연가스의 역할에 대한 주제발표 등을 통해 가스업계의 위상 제고에 이바지하고 있다.

EDI(Energy Delta Institute, 에너지델타연구소)

2002년 Gasunie, GasTerra, Gazprom, University of Groningen(추후 Royal Dutch Shell과 RWE 참여)의 주도로 설립된 에너지 연구소로, 네덜란드 Groningen에 위치하고 있다.

GERG(European Gas Research Group, 유럽가스연구재단)

1961년 유럽지역 가스업계의 결속을 강화하기 위해 설립되었으며, 현재 가스 기술정보의 교환, 공동연구개발, 유관기관과의 합동 프로젝트 등을 추진하며 유럽 내 가스 연구개발과 기술발전을 도모하고 있다.

GIE(Gas Infrastructure Europe, 가스인프라유럽)

2005년 설립된 가스 인프라 관련 비영리기구로, Gas Storage Europe(GSE), Gas Transmission Europe(GTE), Gas LNG Europe(GLE) 등의 산하기관이 있다.

GIIGNL(The International Group of Liquefied Natural Gas Importers, 세계LNG수입자그룹)

1971년 일본 가스회사와 프랑스 GDF의 제안으로 LNG 수입사 및 인수터미널 운영사의 모임으로 출범했으나 최근에는 LNG 수출사 또한 참여하고 있다. 기지 운영, 보수, 안전 등 기술부문과 LNG 유통 등 상업부문 관련연구를 추진하고 있으며 매년 4월 회원사들의 데이터를 취합하여 최신 자료를 발간하고 있다.

GTI(Gas Technology Institute, 가스기술연구소)

2000년 미국의 가스연구소(Gas Research Institute, GRI)와 가스기술연구소(Institute of Gas Technology, IGT)를 통합하여 설립된 연구소로, 정부 및 기업의 가스·화공 관련 연구와 교육을 지원하고 있다. IGU는 가스기술연구소(GTI), 국제냉동학회(IIR)와 공동으로 3년마다 LNG 회의를 개최하고 있다.

IEC (International Energy Forum, 국제에너지포럼)

1991년 에너지 생산국과 소비국 간의 국제 에너지 안보 논의를 위해 시작된 포럼으로 전 세계 원유 수급의 90% 이상을 차지하는 국가들로 구성되어 있다. 2008년부터 IGU는 IEF와 'IEF-IGU Ministerial Gas Forum'을 공동 개최하고 있다.

IGRC(Foundation International Gas Union Research Conferences, IGRC재단)

2001년 암스테르담 IGRC2001 대회 개최 후 Gasunie와 네덜란드가스협회(KVGN)가 설립한 비영리재단으로, 2011년 IGU와 공동으로 IGRC2011 서울대회를 주관했다.

IPLOCA(International Pipeline & Offshore Contractors Association, 국제파이프라인&해상도급자협회)

40여 개국 255개 주요 육·해상 파이프라인 건설업체를 대표하는 기관으로 1966년 업계의 공동이익을 위해 설립되었다. 창립 당시에는 미국 파이프라인 도급자협회(US Pipeline Contractors Association) 소속이었으나 1976년 회원증대로 분리되어 1989년 5월 정식 독립단체로 출범하였고, 현재 사무국은 스위스 제네바에 있다.

Marcogaz(Technical Association of the European Natural Gas Industry, 유럽천연가스산업협회)

1968년 설립된 이 단체는 유럽 천연가스업계를 대표하는 기관으로서 회원사들에 한 유럽 천연가스 기술정보의 보급을 주도하고 있다. 유럽 내 가스기술 규제, 표준화, 인증 등을 모니터링하고 발언권을 행사한다.

NGV Global(국제천연가스차량협회)

1986년 설립된 국제천연가스차량협회는 천연가스 차량의 홍보와 보급 확대, 안전성 확보, 차량개발, 정책수립 등에 기여하고 있다. 전 세계 600여 개 회원을 대표하고 있으며, 2010년 기관명을 'International Association for Natural Gas Vehicles(IANGV)'에서 'NGV Global'로 변경했다.

NGVRUS(Natural Gas Vehicle Association of Russia, 러시아천연가스차량협회)

1999년 5월 설립된 비영리기관으로 LPG, CNG, LNG 등 경제적인 청정 수송연료 시장개발을 주요 목표로 하고 있다. 벨라루스, 독일, 폴란드, 우크라이나, 스위스 등 50여 개국과 사업관계를 맺고 있으며, 2008년부터 IGU 유관기관 및 유럽 비즈니스의회(EBC) 회원, 2010년부터는 국제천연가스차량협회(NGV Global) 회원으로 활동하고 있다.

PRCI(Pipeline Research Council International, Inc., 국제파이프라인연구회)

세계 유수의 파이프라인 회사를 대표하는 연구개발 기구이며 1952년부터 업계의 중심기관으로 자리매김하고 있다. 이 단체는 현재 IGU, 미국가스협회(AGA), 석유파이프라인협회(AOPL), 유럽가스연구재단(GERG) 등 유관기관과 협력관계를 맺고 있으며 오일 메이저사, 대학 등과 함께 공동 연구개발을 진행하고 있다.

주요 국제 에너지 행사 (출처: 한국가스연맹)

GASEX: Gas Information Exchange in the Western Pacific Area, 서태평양가스회의

서태평양 지역 16개 회원국들이 자국의 가스 산업 현황, 최신 기술 동향 및 연구결과 발표 등 회의와 전시회 개최

개최주기	개최회수	차기개최국	참가규모	비고
2년	15회	중국(2021년)	500여명	1998년 한국개최

Gastech: 세계가스기술회의

글로벌 네트워크 구축, 비즈니스 기회 창출, 아이디어 교환, 기술 정보 쇼케이스 등을 위한 회의와 전시회 개최

개최주기	개최회수	차기개최국	참가규모	비고
1년	32회	이탈리아(2022년)	2,500여명	2014년 한국개최

IGRC: International Gas Union Research Conference, 국제가스연맹 가스학술회의

세계 각국의 가스 분야 전문가들이 가스 관련 최신 동향과 기술에 관한 연구결과 발표 등 회의와 전시회 개최

개최주기	개최회수	차기개최국	참가규모	비고
3년	16회	캐나다(2024년)	800여명	2011년 한국개최

LNG: International Conference & Exhibition on Liquefied Natural Gas, LNG국제회의

세계 각국의 LNG 전문가, 기업인, 기술자들이 모여 LNG 분야에 관한 주제발표와 토론 등 회의와 전시회 개최

개최주기	개최회수	차기개최국	참가규모	비고
3년	19회	캐나다(2023년)	3,000여명	2001년 한국개최

WEC: World Energy Congress, 세계에너지총회

세계 각국의 에너지 관련 전문가들이 참가하여 에너지 관련 논문 발표와 토론, WEC 산하 위원회의 연구결과 발표 등 회의와 전시회 개최

개최주기	개최회수	차기개최국	참가규모	비고
3년	24회	러시아(2022년)	3,000여명	2013년 한국개최

WGC: World Gas Conference, 세계가스총회

세계 최대 가스 관련 국제 행사로서 전체 가스 밸류 체인을 다루는 회의와 전시회 개최

개최주기	개최회수	차기개최국	참가규모	비고
3년	27회	중국(2025년)	5,000여명	2022년 한국개최

WPC: World Petroleum Congress, 세계석유총회

석유와 석유 제품의 기술, 경제, 환경 등 다양한 분야에 걸친 연구

결과 발표 등 회의와 전시회 개최

개최주기	개최회수	차기개최국	참가규모	비고
2년	23회	캐나다(2023년)	3,000여명	-

대외활동 (Outreach Activity)

IGU가 가스 산업의 'Global Voice of Gas'를 전 세계에 전달하기 위한 대외활동은 에너지 관련 주요 행사 참석에서의 연설, 주요 매체와의 인터뷰 등이 있다.

필자가 회장으로 재임했던 시기의 기고문, 연설문 중의 일부를 아래에 수록하였다. 이를 통하여 IGU가 에너지산업에서의 가스 산업의 미래와 역할을 어떻게 만들고 있는지 확인할 수 있다.

Economist지 기고 (2018.8.23)

자연과학계의 Nature, Science에 견줄 만한 경제계의 주간 잡지는 단연코 영국의 Economist이다. 필자의 글이 인도 석탄 발전의 확산에 반대하는 IGU 회장 자격으로 게재되었다.

경제계의 전문가는 아니지만 석탄 발전은 지구의 지속가능한 성장을 위해서는 반드시 퇴출되어야 한다는 에너지 전문가로서의 의견은 너무나 당연하다. 그러나 권위 있는 영어판 잡지에 글이 개재되는 것은 내용과 영어 표현이 상당한 수준에 도달해야 가능하다. 이 과정에서 한국 회장단의 싱크탱크 격인 TF1 팀장인 Alex씨의 기여가 절대적이었다. 게재된 기사는 다음과 같다.

Your article 'India shows how hard it is to move beyond fossil fuels' offered an alarming account of the harm caused by coal in India. However, not all fossil fuels are created equal and it overlooked the considerable economic, environmental and social opportunities afforded by a combination of natural gas and renewables. Air pollution is killing 2.5mn people in India each year. Displacing coal with natural gas is already reducing air pollution in India, in power generation and industry, but also by replacing biomass in homes and substituting oil in the transport system, already home to the world's sixth-largest fleet of natural gas-fuelled vehicles. This will be increasingly important as 300 million people move to cities over the next 25 years.

Natural gas is also playing a critical role supporting India's commitment to the Paris Accord, emitting around half the greenhouse gas emission compared to coal when used to generate electricity. The flexibility of natural gas will also help India to meet its commendable renewable energy target, providing reliable support for the integration of an increasing share of variable wind and solar generation at lowest cost.

Even as new coal fired power stations are being built, the average utilisation of existing coal-fired plants is decreasing, down 10% in the past four years. This raises

귀사의 2018년 8월 2일자 기사인 'India shows how hard it is to move beyond fossil fuels(인도는 화석 연료를 넘어서는 것이 얼마나 어려운지 보여줍니다)'는 인도에서 석탄 소비로 인한 피해에 대하여 경고하고 있습니다. 그러나 모든 화석연료가 환경 및 보건 문제에 있어 똑같이 나쁜 영향을 끼치는 것이 아니며 천연가스의 재생에너지와의 조합이 제공하는 상당한 경제적, 환경적, 사회적 기회를 간과하고 있습니다.

대기오염으로 인해 인도에서는 매년 250만 명이 사망하고 있습니다. 인도에서 석탄을 천연가스로 대체함으로써 이미 발전 및 산업 부문에서 대기오염을 줄이고 있으며, 가정에서 바이오매스를 대체하고 있고, 운송 부문에서도 세계에서 6번째로 많이 천연가스 연료 차량을 사용함으로써 석유를 대체하고 있습니다. 이는 향후 25년 동안 3억 명이 도시로 이주함에 따라 점점 더 중요해질 것입니다.

천연가스는 또한 파리협정에 대한 인도의 약속을 뒷받침하는 중요한 역할을 하고 있으며, 발전에 사용되는 석탄에 비해 약 절반 수준의 온실가스를 배출합니다. 천연가스의 유연성은 인도가 재생에너지 목표를 달성하는 데 도움이 될 것이며, 변동성이 높은 에너지원인 풍력 및 태양열 발전을 최저 비용으로 안정적으로 지원할 것입니다.

새로운 석탄 화력 발전소가 건설되고 있음에도 불구하고 기존 석탄 화력 발전소의 평균 가동률은 지난 4년 동안 10% 감소했습니다. 이는 인도가 2억 명의 사람들을 에너지 빈곤에서 구하려고 노력하는 반면에 환

the ugly prospect of stranded investments, an unwelcome economic risk as the country endeavours to lift 200 million people out of energy poverty.

Natural gas is also helping to fuel India's rapid economic growth. For industries used to an unreliable supply of electricity, natural gas is improving reliability and supporting the development of a higher value-added economy, a priority of Prime Minister Modi's Make in India programme.

These benefits explain why in 2016, Prime Minister Modi proclaimed his ambition for a gas-based economy and today, India's Petroleum and Natural Gas Regulatory Boarder is targeting a fuel mix with a 20 % share of natural gas by 2025, up from 6.5% today.

It will require stronger leadership to put in place the reguations and infrastructure to receive, transport and distribute the required natural gas, but India has the opportunity to lead in the transition to a cleaner energy system in Asia.

Professor Joo-Myung Kang

PresidentofInternationalGasUnion

영받지 못하는 경제적 위험이 있는 좌초 자산에의 투자라는 나쁜 면을 보여주고 있습니다.

천연가스는 또한 인도의 빠른 경제 성장을 촉진하는 데 도움이 됩니다. 그동안 전력공급이 원활하지 못한 산업 부문에, 천연가스는 전력공급의 신뢰성을 높이고 Modi 총리의 Make in India 프로그램의 우선 순위인 고부가가치 경제의 개발을 지원합니다.

이러한 천연가스의 이점은 2016년 Modi 총리가 가스기반 경제에 대한 자신의 야망을 선언한 이유와 오늘날 인도의 석유 및 천연가스 규제 위원회(India Petroleum and Natural Gas Regulatory Board)가 천연가스 점유율을 현재 6.5%에서 2025년까지 20%로 높이는 연료 혼합의 목표로 하는 이유를 말해주고 있습니다.

인도는 필요한 천연가스를 공급받고, 운송하고, 분배하기 위한 규정과 기반 시설을 마련하기 위해서는 보다 강력한 리더십이 필요하며, 인도는 아시아에서 청정 에너지 시스템으로의 전환을 주도할 기회가 있습니다.

IGU 회장 강주명

Gastech2018 회의 (2018.9.17)

영국 언론재벌인 DMGT(Daily Mail & General Trust) 그룹이 IGU의 WGC 행사를 벤치마킹하여 3년마다 세계적 가스 산업 전문 행사를 주관하고자 1972년에 Gastech를 설립하였다. 일반적으로 특정 산업의 만남의 광장 제공은 관련 기업의 특정 상품을 전시하고 기술을 홍보하는 데 절호의 기회이다.

때마침 2000년 초 황금의 가스 시기(Golden age of gas)에 접어 들면서 생산국과 소비국 모두 이러한 모임에 적극적으로 참여하였다. 우리나라도 2014년 고양 KINTEX에서 개최된 Gastech을 통해 우리나라의 LNG 관련 선박 기술을 집중적으로 홍보하여 큰 성과를 거두었다.

필자는 IGU 회장 자격으로 IGU 주관행사와 시기·장소의 중복을 피하고자 Gastech CEO를 면담하고자 스페인에서 개최된 2018년 Gastech 행사를 참관하였다. 면담에서 일정 조정의 성과가 있었지만, Gastech는 구조적으로 회원들의 친선 도모와 정책적 목표 실현보다는 다소 흥행에 치중하여 내용(program)보다는 전시(exhibition)에 초점을 두고 있다.

그러나 최근에는 IGU가 주관하는 행사와 공격적인 경쟁을 추진하는 방안으로 3년 주기에서 매년 개최하고 있지만 모호한 행사 성격, Covid19 Pandemic, WGC 행사와의 중복 등으로 고전하고 있다는 것이 일반적 견해이다. Gastech2022는 이탈리아 밀라노에서 개최 예정이다.

GASEX2018 참석 (2018.10.18)

IGU 회장 취임 전부터 중국은 한국 회장 3개년 계획표에 적힌 타이완의 국가 분류 때문에 만날 때마다 IGU 정관의 시정을 요청하였다. '하나의 국가(One China Policy)'라는 중국의 막강한 외교력에 따라 타이완의 국가 자격 박탈은 UN을 포함한 모든 국제기구에서는 실현되었지만, IGU 정관에는 타이완을 아직 명백히 국가로 규정하고 있었다. 정관의 변경은 집행 위원회의 찬성과 총회의 승인으로 결정되므로 캐나다와 일부 유럽 회원들은 절대 반대하는 분위기였다.

그러나 당사자인 타이완은 의외로 IGU 내 준회원(Associate Member)으로 자격 유지가 된다면 정회원(Charter Member) 자격 변경에 동의하겠다고 전해왔다. 타이완의 자격에 대해 정회원에서 준회원으로의 변경이 캐나다와 일부 유럽 국가의 공개적인 반대에도 불구하고 다수의 찬성으로 가결되었지만, 타이완의 회원 변경은 경제력과 군사력을 바탕으로 한 일방적인 중국 외교 전선에 유럽과 북미 국가들은 쉽게 동의하지 않는다는 것을 목격하였다.

이러한 중요 의안을 결정할 때 각국 대표 교체가 빈번한 국제기구에서는 회원들 간의 친소관계보다는 국가 간의 관계와 명분이 더 우선시되었다. Covid19 Pandemic 이후 회원 간에 친교할 공간은 더욱 더 제한되어서 이러한 경향은 당분간 지속될 것으로 보인다.

이를 계기로 중국은 한국 회장 재임기간 동안 우호적 관계를 유지하였다. 이후 나를 각종 중국 에너지 관련 거대 행사에 Keynote Speaker로 자주 초청하였고, 현 중국 정부의 핵심사업인 일대일로(One Road One Belt) 장관 회의에도 참석하게 되었다. 이러한 일련의 과정을 통한 경험으로 비추어 보면 중국은 국제사회에서 부인할 수 없는 초강대 국가이지만 아직도 추진 형태나 방식에는 좀 더 성숙함과 세련함이 갖추어져야겠다는 아쉬움이 남는다.

GASEX2019 주제 발표

GASEX2018 전시장 방문(우측 LiYalan , 부회장)

SEDIGAS 인터뷰 (2018.11.24)

SEDIGAS는 스페인가스협회로 주요 에너지 회사와 가스 산업 서비스 관련 기관 등 150개 이상이 가입하고 있는 비영리 협회이다. SEDIGAS의 대변 잡지인 Gas Actual과 2018년 11월 24일 가스 산업 전망과 IGU 회장으로서 향후 3년간 IGU를 어떻게 운영할지에 대한 회장 취임 인터뷰를 하였다.

스페인 잡지에 회장으로서 첫 번째 인터뷰를 한 배경은 당시의 IGU 사무국이 바르셀로나에 있었고, 3년간 사무총장의 적극적인 협조가 필요해서 결정하였다. 다음의 인터뷰 내용을 통해서 신임 IGU 회장의 향후 계획, 가스 산업 현황과 에너지 전환기의 IGU의 가스 산업 미래 전략을 파악할 수 있다.

질문 1. IGU 회장직이 천연가스 최대 생산국인 미국에서 천연가스를 주로 수입하는 한국으로 이양됩니다. 이러한 변화는 IGU에 어떤 영향을 미치나요?

(The presidency of the IGU is being handed over from the United States, the largest producer of natural gas, to the Republic of Korea, a country that largely imports this product. What effects will this shift in perspective have in the IGU?)

저는 2018년 6월 워싱턴에서 개최된 제27차 IGU 총회에서 회장에 취임하였습니다. 이는 개인적으로도 큰 영광이며 가스 산업의 글로벌 대변자로서 막중한 책임도 가지고 있습니다.

미국 총회 직후 전 세계적인 반향의 메시지는 “가스가 돌아왔다(Gas is

Back)."는 것이었고, 우리 가스 산업 앞에는 흥미롭고 매우 바쁜 시기가 도래했다는 것입니다.

미국에서 한국으로 회장직을 변경한다고 해서 IGU의 전반적인 정책이 바뀌는 것은 아닙니다. 우리는 글로벌 조직이고 우리의 비전은 의장국의 이익이 아닌 회원사들에게 최선의 이익이 되도록 봉사하는 것이기 때문입니다.

IGU는 전 세계 가스 산업의 정치적, 기술적, 경제적 발전의 신뢰할 수 있는 대변자라는 미션을 가지고 가스 산업의 글로벌 대변자(Global voice of gas) 역할을 하고 있습니다. 각 회장단은 3년 단위 프로그램에 대한 주제와 영역을 선정하여 추진하며 다음 답변에서 이에 대해 설명하겠습니다.

질문 2. 회장님의 임기 중 목표와 주요 워킹 그룹은 무엇입니까? (What are the objectives and the main working groups of your mandate?)

'천연가스 기반으로 하는 지속가능한 미래(Sustainable future powered by Gas)'는 우리의 3년간 프로그램의 주제이며 환경 리더십, 시장 활력 강화, 가치창출의 추진이라는 세 가지 전략목표를 통하여 이 주제를 구현하기로 약속했습니다. 우리는 가스 산업의 적극적 홍보, 투명한 거버넌스, 회원에게 가치 창출이라는 세 가지 방향으로 추진하고자 합니다.

이러한 목표를 달성하기 위하여 내부 전문위원회의 연구 활동, 외부 행사와 회의 개최, 간행물과 보고서 발행, 업계의 지속가능한 지식을 개발하기 위한 교육과 캠페인으로 구성된 3개년 의제가 있습니다. 이러한 일들은 IGU 전문위원회와 3개의 특별위원회(Task Force)가 지원합니다. 그리고 가스의 탐사와 생산, 저장, 운송, 유통, 활용, 지속가능성, 전략, 가스시장, LNG, 마케팅과 커뮤니케이션, R&D와 혁신을 포함한 11개의 주제별 전문위원회가 있습니다.

여기에서 특별위원회는 회장마다 특정한 주제와 활동을 정책적으로 지원하기 위한 싱크탱크(Think Tank)에 해당하는데, 전략적 커뮤니케이션(Strategic Communication and Outreach), 에너지 접근성 개선(Energy for All), 에너지 정책(Energy Policy)의 3개 특별위원회가 있습니다.

질문 3. 다음달 12월에 COP24가 열리는데, 이 행사를 어떻게 준비하고 있는지, 그리고 IGU가 기대하는 바는 무엇입니까?

(Next December, the COP24 will be taking place. How are you preparing for this important event? What is the IGU expecting from it?)

올해의 COP는 특히 가스 산업계 측면에서 매우 중요한 회의이며, 이 기사가 게시될 즈음이면 IGU의 COP24 대표단이 이미 폴란드에 있을 것입니다. 이번 COP에서 국가 간 합의의 성공은 천연가스 산업뿐만 아니라 전체 에너지 산업에 있어서도 매우 중요합니다.

전 세계는 기후 위기에 처해 있으며 앞으로 5년 동안 취해질 조치는 지구온도 상승을 섭씨 2도 이내로 유지한다는 파리협정 목표의 실현가능 여부를 결정할 것입니다.

IGU는 글로벌 기후변화의 위기의식에 동참하고 또한 기후행동에 관한 규정집 완성의 필요성을 적극 지지합니다.

그러나 우리는 계획만이 아니라 행동 또한 시급하다고 생각합니다. IGU는 지도자들이 실용적이고 실행 가능한 합의에 도달하기를 바랍니다. 우리는 글로벌 조직으로서 선진국과 개발도상국의 에너지와 환경의 현실 사이에 존재하는 큰 격차를 직접 목격하고 있습니다. 가장 큰 기후변화의 전쟁터는 인구와 에너지 수요가 모두 증가하고 있는 개발도상국들입니다.

선진국과 개발도상국의 능력, 필요, 동기 사이에는 큰 차이가 있습니다. OECD 국가는 에너지 수요의 증가가 둔화되었기 때문에 미래의 에너지 수요는 중국, 인도, 아프리카, 중동 및 동남아시아와 같은 국가들에서 일어날 것입니다. 향후 아시아에서만 9억 명의 인구증가가 예상됨에 따라 20세기 중반까지 에너지 수요 또한 50% 증가할 것으로 예상됩니다. 아프리카에서도 에너지 수요가 크게 증가할 것입니다. 천연가스 와 재생에너지를 통해 개발도상국은 경제성장을 희생하지 않고도 파리 기후변화의 약속을 지킬 수 있습니다. 이러한 방식은 또한 대기오염에 따른 건강 문제를 해결할 수 있습니다. 이것이 우리가 COP 지도자들에게 인정받기를 바라는 점입니다.

질문 4. IGU는 이번 행사를 위해 어떤 계획을 준비하고 있습니까? (Does the IGU have any initiatives prepared for this event?)

IGU는 COP 기간 동안 3개의 이벤트를 직접 개최하고 참여할 계획입니다. 첫 번째 행사는 12월 5일 16:00에 유럽관(European Pavilion)에서 실시하는 재생 가능한 가스와 수소에 대한 토론입니다. 이 행사는 Ecofys와 New Energy Coalition이 공동으로 준비하고 있습니다. 두 번째 행사는 전 세계적인 대기질 문제 해결의 필요성에 대한 매우 중요한 논의의 장으로, 이 행사는 12월 10일 11시 한국관에서 개최됩니다.

마지막으로, 12월 10일 14:00에 폴란드관에서 대기 정화에 있어서 가스의 역할에 대한 또 다른 패널 토론에 참여할 예정입니다. COP에 참석할 모든 사람들이 이 중요한 토론에 참석하기를 바랍니다.

질문 5. 에너지 전환 과정에서 천연가스의 역할을 어떻게 보십니까? 그리고 이후의 미래는?

(How do you view the role of natural gas in the so-called energy transition? And beyond that?)

천연가스는 지속가능한 미래 에너지의 필수요소일 뿐만 아니라 미래를 향한 전환이기도 합니다(Natural gas is a vital component of the sustainable energy future, not just the transition toward that future.). 사실 천연가스가 지속가능한 에너지 미래로 가는 가장 빠르고 경제적인 에너지입니다.

지구와 우리가 숨 쉬는 공기에 대한 부정적인 영향을 최소화하면서 에너지 접근을 제공하는 것은 21세기의 가장 큰 과제 중 하나이며, 천연가스가 깨끗하고, 풍부하고, 경제적이고, 유연한 에너지원이므로 이러한 과제들을 해결할 수 있습니다.

미래의 에너지 효율향상을 가정하더라도, 세계 에너지 수요는 2015년에서 2040년 사이에 30% 증가할 것으로 예상되는 반면 세계 인구는 세기말까지 25억 명이 증가할 것으로 예상됩니나.

따라서 우리는 재생에너지와 가스가 새로운 수요의 상당 부분을 충족할 것이기 때문에 이 두 에너지원이 가장 빠르게 성장하는 에너지가 될 것으로 예상합니다.

질문 6. 탄소배출 없는 미래에 적응하기 위해 가스는 무엇을 해야 할까요?

(What does gas need to do in order to adapt to a future without carbon emissions?)

넷제로(Net Zero)는 다소 장기적인 목표이며 이를 달성하려면 기술과 혁신에 상당한 투자가 필요합니다. 따라서 저는 '가스가 해야 할 일(gas needs to do)'이 아니라 '우리 사회가 해야 하는 일'이라고 말하고 싶습니다. 가스 산업은 그 자체로 직접 해결책을 갖고 있지 않으며, 단독으로 행동하는 어떤 부문도 기후 변화만큼 방대한 과제를 해결할 수 있을 것 같지 않습니다. 정부, 산업체, 대중의 공동 노력만이 파리협정을 계획대로 달성할 수 있는 유일한 방법입니다.

현재 기술 수준과 에너지 시스템 변환의 시급성을 감안할 때 기후변화 문제를 해결하기 위해서는 저탄소 에너지 솔루션을 위한 포트폴리오가 필요합니다. 가스를 저탄소 에너지원으로 만들 수 있는 기술이 있습니다. 탄소 포집 및 저장 기술(CCS)과 결합된 천연가스는 실질적으로 탄소가 없는 연료로, 탄소 배출량의 90%가 제거되고 나머지 10%는 재생 가능한 가스로 간단히 상쇄됩니다.

가스 자체는 재생 가능하고 탄소가 없을 수 있으며 바이오 가스와 가스 전력화 기술을 통하여 가스의 탄소 함량을 줄일 수 있습니다. 이러한 기술에 대한 투자는 관련 기술을 더 개발하고 확산하는 데 필요하며, 충분한 규모로 추진하고 자본을 유치하기 위해서는 공공-민간 자금조달 모델이 필수적입니다.

더욱이, 세계적인 도시화 추세에 따라 에너지 포트폴리오는 경제적, 환경적, 사회적, 생태학적, 그리고 지리적 측면에서 도시 현실에 적합해야 합니다. 천연가스는 이러한 요구사항에 적합한 에너지입니다. 가스는 산업, 제조, 주택, 운송 등의 부문에서 청정에너지로서 신뢰성과 백업 측면에서 현내 사회의 모든 기본 조건을 충족시키는 데 적합한 가장 유연하고 다목적인 에너지원입니다.

이런 점이야말로 인프라를 개발하고 유지 관리하기 위한 공동의 노력이 필요한 부분입니다.

질문 7. 가스 사용이 증가하고 있음에도 불구하고 아직 석탄은 아시아와 아프리카의 주요 에너지원으로 남아 있습니다. IGU는 이러한 지역에서 가스 사용을 촉진하기 위해 무엇을 할 수 있습니까?

(Despite the growing use of gas, coal remains the main source of energy in Asia and Africa. What can the IGU do in those markets to promote the use of gas?)

이것은 기후변화 완화를 위한 지구적 변화를 위험에 빠뜨리는 큰 도전입니다. 석탄과 석유에서 가스로 전환함으로써 온실가스 배출을 즉시 감소시킬 수 있는 엄청난 잠재력이 있습니다. 지난 몇 년 동안 전 세계 CO_2 배출량의 가장 큰 감소는 미국에서 이루어졌는데, 이는 주로 석탄에서 가스로의 연료 전환(fuel switching) 때문입니다. 이러한 연료 전환은 온실가스 배출 증가의 궤적을 즉시 변경할 수 있으며 장기적인 해결책에 더 많은 유연성을 제공합니다. IGU는 이러한 메시지를 전 세계의 주요 의사결정자와 영향력 있는 사람들에게 홍보하는 노력을 기울이고 있습니다. 우리는 전 세계의 회원들을 지원하고 이해 관계자들과 협의할 수 있는 툴(tools)을 제공합니다.

메시지는 간단합니다. 세계 발전용량의 거의 절반이 여전히 석탄으로 가동되고 있기 때문에 연료를 가스로 전환함으로써 제공되는 기회는 크다고 할 수 있습니다. 기존 에너지 시스템에서 석탄에서 천연가스로의 연료 전환과 개발 중인 시스템에서 가스 인프라에 대한 투자는 즉시 온실가스 배출 목표를 달성할 수 있는 효과를 내는 동시에 매년 최대 800만 명의 사망자가 발생하는 대기오염을 줄임으로써 삶의 질을 개선하는 데 즉시 영향을 미칠 수 있습니다.

질문 8. 한국은 일본, 중국에 이어 세 번째로 큰 LNG 수입국입니다. 향후 LNG 시장에서 아시아의 역할에 대한 전망은 어떻습니까?
(After Japan and China, the Republic of Korea is the third largest importer of LNG. What is the outlook for Asia's role in the future LNG market?)

IEA를 포함한 거의 모든 기관의 에너지 전망(Energy Outlook)에 의하면 아시아가 세계 LNG 시장의 수요를 이끌 것으로 보고 있습니다. 지난 몇 년 동안 전례 없이 수요가 빠른 속도로 증가하는 것을 보면 이를 엿볼 수 있습니다.

보다 구체적으로는, 향후 수십 년 동안 에너지와 천연가스 수요가 가장 크게 증가할 국가는 비(非)OECD 아시아가 될 것입니다. 가스는 OECD에 가입한 아시아 국가에서도 계속 중요한 역할을 하겠지만, 중국이 가스의 수요 성장을 주도할 것으로 예상합니다. 또한 인도는 현재 에너지가 부족한 수억 명의 사람들에게 에너지 접근성을 높이기 위한 정책을 펼치고 있어서 에너지 수요가 크게 증가할 것으로 예상됩니다.

질문 9. 모든 보고서에 따르면 LNG는 앞으로 몇 년 동안 계속 성장할 것입니다. 이것이 가격에 어떤 영향을 미칠까요?
(LNG will continue to grow over the coming years according to all the reports. How will this affect prices?)

가스 가격에 영향을 미치는 요인이 너무 많기 때문에 가격을 예측할 수는 없지만 가격 경쟁력은 업계가 성장 잠재력을 충분히 실현하기 위해 확보해야 하는 3가지 핵심 축(pillar) 중의 하나라고 말할 수 있습니다. 다른 두 축은 환경 성과와 공급 안보입니다.

질문 10. 가스 가격에 대해 이야기할 때, 다양한 시장에서 가스 가격의 다양성이 가스 산업의 확장에 도움이 되거나 해를 끼친다고 생각하십니까? IGU는 이와 관련하여 어떤 예측을 하고 있습니까? 가스 가격이 최근 몇 년처럼 계속해서 석유와 분리될 것입니까?
(Talking of prices, do you think that the diversity of gas prices in different markets benefits or harms the sector's expansion? What forecasts is the IGU working with in this regard? Will the price of gas continue to be uncoupled from oil as it has been in recent years?)

IGU는 항상 천연가스의 개방적이고 투명한 시장을 지지해 왔습니다. 가격 신호는 시장의 현실을 반영할 때 효과적입니다. 우리는 LNG 비즈니스 모델, 계약과 금융 분야에서 지속적인 혁신이 필요하다고 생각합니다. 최근 몇 년 동안 현물 거래량은 확실히 증가했지만 유가지수 연동가격이 계속해서 시장을 지배하고 있으며 이러한 디커플링(decoupling)이 계속되는 비율을 예측하기는 어렵습니다.

질문 11. 육상과 해상운송에 천연가스를 사용하는 것은 가스 시장이 확대되는 주요 부문 중 하나입니다. 이 과정을 어떻게 보십니까?
(The use of natural gas in transport, both land and sea, is one of the major sectors of expansion for gas. How do you view this process?)

실제로 천연가스는 운송 분야의 청정 연료로 활용 가능합니다. 가스를 운송 연료로 사용하여, 온실가스 배출을 줄이고 오염을 크게 줄임으로써 환경과 생태적 이점을 제공할 수 있습니다. 해양 부문에서 연료로 사용되는 LNG는 유해한 배기오염 물질을 감소시키고, 개정 IMO 표준을 충족하며 기존 연료유와 디젤보다 온실가스 배출을 줄일 수 있습니다. 또한 바이오메탄은 천연가스 연료에 추가하거나 단독으로 사용할 수 있으므로 전체 배출량을 훨씬 더 많이 줄일 수 있습니다. 이를 위해서는 여러 가지가 필요하며 여기에는 정책 지원과 표준 개발, 연료 공급 인프라의 지속적인 확장 등이 포함되어야 합니다.

질문 12. 가스가 더 큰 성장 잠재력이 있는 부문은 무엇입니까?
(In which other sectors does gas offer greater growth potential?)

산업과 전력 부문에서 가장 큰 성장이 예상되며 산업 부문에서의 사용 증가율은 발전 부문을 추월할 것으로 예상됩니다. 우리는 또한 가스가 향후 수십 년 동안 전 세계적으로 급속한 도시화의 에너지 수요를 해결하는 데 도움이 될 엄청난 기회가 있다고 생각합니다.

가스는 앞에서 언급한 운송 부문에서 열, 전력, 요리 및 산업 부문에 이르기까지 모든 중요한 부문에서 고효율 에너지를 제공할 수 있는 가장 유연한 연료입니다.

질문 13. IGU 의제에서 바이오 가스는 어떤 역할을 합니까?
(What role does biogas play in the IGU agenda?)

바이오 가스는 가스 공급의 탄소 함량을 줄이는 데 필수적이기 때문에 장기적인 미래 에너지원의 중요한 구성 요소입니다. 특히 유럽을 비롯한 선진국에서는 큰 역할을 할 것입니다. 바이오 가스는 기존 천연가스에 비해 온실가스 배출량을 95% 이상 줄일 수 있어 기술 투자의 중요한 영역으로 보고 있습니다.

질문 14. 가스는 특히 대도시의 대기오염 문제 해결에서 중요한 역할을 할 수 있습니다. 글로벌 정치 의제에서 이러한 역할이 충분히 고려되지 않았다고 생각하십니까? 이와 관련하여 IGU는 어떤 계획을 가지고 있습니까?
(Gas can play a fundamental role in the fight against air pollution, especially in large cities. Do you think that this role is not taken sufficiently into account in the global political agenda? What plans does the IGU have in this regard?)

항상 그 역할이 더 잘 인식될 여지가 있으며, 세계는 에너지 수요와 인구 증가, 도시화로 인한 압박에 직면하고 있습니다. 이러한 문제 해결을 위해 IGU는 깨끗한 공기의 중요성을 계속해서 강조할 계획입니다. 이를 위해 천연가스로 전환하여 성공적으로 공기를 정화한 많은 사례 연구를 포함하는 도시 대기질 보고서의 추가 버전을 발표할 계획입니다.

가스가 오염 문제를 해결하고 푸른 하늘을 되돌려줄 수 있기 때문에 가스로의 에너지 전환 정책의 가치를 인식할 때 어떤 일이 일어나는지 보여주는 훌륭한 성공 사례가 중국입니다. 우리는 전 세계에서 이와 같은 성공 사례를 더 많이 보고 싶습니다.

질문 15. IGU는 가스 산업의 메탄 배출 문제를 어떻게 해결하고 있습니까?
(How is the IGU tackling the problem of methane emissions in the gas sector?)

IGU의 주요 정책 우선순위 중 하나는 가스업계가 환경 발자국(environmental footprint)을 지속적으로 줄이는 것이 필수적이며 메탄 배출 분야에서 가장 중요하다는 점을 계속 강조하고 있습니다. IGU는 이 분야에서 많은 일을 하고 있으며, 회원들이 대처할 수 있도록 회원들을 교육하고 격려하는 노력을 계속 강화할 것입니다. 우리는 천연가스 산업의 메탄 배출 연합에 대한 지침(Guiding Principles on Methane Emissions Coalition)에 서명한 준회원입니다. 우리는 2년 전부터 메탄 배출에 대한 전문가 그룹을 만들어서 메탄 배출을 측정, 문서화하거나 줄이기 위해 지식, 접근 방식과 공동 노력을 계속 공유할 것입니다.

질문 16. 러시아에서 새로운 가스 프로젝트는 세계 가스시장에 어떤 영향을 미칠까요?

(How will the launch of new projects in Russia affect the global gas market?)

IGU는 러시아뿐 아니라 전 세계 어디에서나 새로운 프로젝트와 FID(Final Investment Decision, 최종의사결정)를 환영합니다. 시장이 계속 성장함에 따라 수요를 충족할 수 있는 충분한 공급이 제때에 이루어지도록 하기 위해 새로운 투자가 필요합니다.

COP24 Workshop (2018.12.3)

COP24가 2018년 12월 3일 폴란드 카토비체(Katowice)에서 196개 회원국 대표들이 참석하여 개막했다. 참고로 카토비체는 폴란드의 대표적인 탄광도시였는데, 새로운 출발이란 발상에서 행사도시로 선정되었다고 한다. 폴란드는 유럽연합(EU) 내 최대 석탄 생산국으로 에너지 소비의 80%를 석탄에 의존하고 있다. 그리고 회의가 열리는 카토비체는 유럽 최대 석탄지대로 꼽히는 실레지아 지역 최대 도시로, 지금은 과거의 잿빛도시에서 녹색도시로 변한 대표적인 사례 중의 하나이다.

인구 30만 명 정도의 소도시에서 세계적 행사를 주최하다 보니 모든 가용 숙박시설이 순식간에 동이 나서 필자는 개인 집을 1주간 임대하여 행사에 참여하였다. 앞으로 COP 행사가 보다 많은 관중이 참석하는 세계적 토론장으로 격상되기 위해서는 대도시에서 개최하는 것도 합리적 방안일 것이다.

2015년에 채택된 파리협정은 21세기가 끝나기 전까지 지구 평균 온도 상승을 산업화 이전 대비 2℃ 이내로 유지하고, 나아가 2018

년 송도에서 채택된 1.5℃ 특별보고서에서는 1.5℃까지 상승을 제한하기 위하여 2030년까지의 탄소배출량을 2010년 대비 45% 줄이고, 2050년까지 석탄 사용을 전면 중단하기로 합의하였다.

영국은 이러한 추세에 선도적으로 동참하기 위하여 북해의 폐유전 지역을 풍력발전 단지로 전환하여 2025년까지 석탄 발전의 완전 퇴출을 선언하였다. 반면에 독일은 태양광 중심의 재생에너지 비중을 올리면서 2022년 말까지 탈(脫)원전을 달성하고 석탄 발전은 점차적으로 비중을 줄여서 2038년에 완전 폐지할 계획이다. 결과적으로 두 나라의 사례로 예단하건대, 탄소 중립 달성은 확실한 석탄 발전 퇴출에 목표를 두어야 할 것이다.

COP는 Conference of Parties, 다시 말해 당사자간협약의 국가간 행사이다. 이러한 행사에 특정 이익단체인 IGU는 주최 측 입장에서는 불청객이다. 그러나 가스는 변동성이 높은 에너지원인 재생에너지를 가장 잘 보완할 수 있는 에너지원임을 주장하는 메시지를 각국 정책 입안자에게 인식시키는 것이 IGU의 주요 활동 목표이다. 그리하여 COP의 부대행사(side event)로서 개최지에서 토론회를 개최하여 가스의 환경적, 경제적 우월성을 홍보하는 것이 G20와 함께 주요한 IGU 연례행사이다.

필자가 한국인이라서 COP 주관부처인 환경부의 협조 아래 한국환경공단의 한국관에서 워크숍을 개최한 것은 나의 회장직 수행능력에 대해 IGU 리더들에게 긍정적 평가를 받을 수 있는 좋은 기회였다. IGU 행사장에는 외국 관객은 물론 고건 전(前) 국무총리, 환경부장관, 관련부처 관료들도 방문하여 행사가 성공적이었다는 평가를 받았다.

COP24 행사 참석 시 고건 전 국무총리 방문

이번 COP24 행사에서는 도시의 대기질 개선을 위한 천연가스로의 에너지 전환의 성과와 한국의 수송 부문에서의 개선 사례에 대하여 설명하였다. 다음은 필자가 발표한 내용이다.

COP24 연설문

올해 COP 행사에서 두 번째 주의 시작인 오늘 아침에 함께 해주셔서 감사합니다. 도시의 대기질(Urban air quality)에 관한 이 세션에서 우리가 협력할 수 있도록 허락해주신 한국 정부에 감사를 전하고 싶습니다.

의심할 여지없이 대기질에 대한 주제는 그 어느 때보다 훨씬 더 중요하

COP24(2018) 워크숍

며 시급해지고 있습니다. 카토비체 총회에서 이 주제에 대한 세션의 수를 보더라도 이러한 경향을 알 수 있습니다.

건강에 대한 가장 큰 환경 위협의 문제가 부각되고 있고, 이는 환경 의제에서 최우선 순위가 되고 있습니다.

3년 전 COP21에서, IGU는 도시 대기질에 대한 첫 번째 보고서에서 대기질을 개선하기 위해 조치를 취한 도시에 대한 4가지 사례 연구결과를 소개했습니다.

많은 사례에서 알 수 있듯이, 더 깨끗한 공기를 얻기 위한 도구로 관련 정책과 연료 전환의 조합을 사용하고 있음을 알 수 있습니다. 석탄과 석유에서 천연가스로의 연료 전환이 대기질 개선에 가장 크게 기여했지만 다른 지원 정책과 도구의 지원을 통한 포괄적인 접근 방식이 중요합니다.

COP21 이후, 세계보건기구(WHO), 국제에너지기구(International Energy Agency), 유엔환경(UN Environment)에서 최근 발표한 일련

의 보고서에서도 대기질 개선을 위한 전 세계의 긴급 조치를 촉구하고 있습니다.

WHO에 의하면, 세계의 많은 지역에서 대기오염 수준은 여전히 위험할 정도로 심각하고, 10명 중 9명은 높은 수준의 오염물질이 포함된 공기를 호흡하고 있는 실정입니다. 또한 야외와 가정에서의 대기오염으로 인하여 연간 700만 명이 사망할 것으로 예상하고 있습니다. 이는 매우 충격적인 현실이며, 이러한 오염물질이 야기하는 전반적인 삶의 질에 중대한 영향을 끼친다는 점에 있습니다. 이러한 환경에서 특히 자녀를 양육하는 것은 용납될 수 없습니다.

이러한 환경문제를 인식하고 IGU는 지난 3년 동안 도시의 대기질을 개선하기 위해 전 세계 많은 도시의 실제 행동 사례를 보여주는 일련의 보고서를 발행했습니다. 그리고 이 문제가 아시아에서 특히 심각하지만, 다른 지역에서도 마찬가지입니다. IGU 보고서에서 북미와 남미, 유럽, 아시아에 이르는 도시에서도 유사한 문제가 발생할 것으로 보고 있습니다.

한국의 대기오염 상황에 대해서 말하면, 한국의 급속한 경제발전으로 인해 자동차 등록 대수는 1970년대 초반 약 13만 대에서 2014년 말 2천만 대 이상으로 크게 증가했습니다. 이러한 빠른 경제 발전으로 한국의 대도시의 대기질은 급격히 악화되었고 대기오염은 도쿄, 런던, 파리, 뉴욕과 같은 대도시의 두 배 이상이 되었습니다.

한국의 환경연구원의 한국 내 주요 도심지역의 PM10(1000분의 10mm 보다 작은 먼지) 발생원을 분석한 결과 이 중 약 50%가 도로교통에서 발생하고 약 70%가 트럭에서 발생한다고 결론지었습니다.

이를 해결하기 위해 한국 정부는 점점 더 심각해지는 오염 상황에 대처하기 위한 일련의 정책을 수립하였습니다. 이러한 정책에는 배출표준 강화, 특히 디젤 연료와 관련된 글로벌 표준 채택, 기존 차량의 개조와 배출 감소장비 설치 촉진, 저공해 차량 홍보와 궁극적으로는 버스와 같은 차량의 천연가스 채택 촉진을 포함하였습니다.

에너지 소비절약과 더 나은 대기질을 위하여 천연가스로의 연료 전환을 하였습니다. 천연가스는 디젤보다 저렴한 연료이며 더욱 중요한 사실은 디젤과 비교할 때 PM(particulate matter, 미세먼지)이 거의 100% 감소, CO가 90% 이상, NOx가 거의 40%, HC가 65% 감소하는 등 오염물질을 크게 줄인다는 점입니다. 또한 CO2 배출량도 감소합니다.

이러한 과정은 단시일에 이루어진 것이 아니었고 잘 수립된 로드맵과 여러 주요 이정표를 통해 다음과 같은 중요한 결과를 얻게 되었습니다.

- 등록된 NGV 차량의 수는 현재 40,000대 초과
- 시내버스의 82% 이상이 압축 천연가스(CNG)로 운행
- 6대 도시에서 시내버스의 98%가 CNG로 운행

한국의 이러한 로드맵과 교훈은 다른 주요 도시와 전 세계에서 경험을 공유할 수 있습니다. 로드맵에 대한 간략한 설명은 다음과 같습니다.

- CNG 버스 운영 파일럿
- 대기환경보전법 개정안
- NGV 홍보를 위한 법적 근거 마련
- CNG 버스 공급 개시
- 수도권 대기질개선특별법
- 저공해 차량 규정
- CNG 쓰레기 청소차 양산

- 새로운 NGV 유형 도입: 시외버스/공항 셔틀
- CNG 하이브리드 버스 보급 계획
- 시범사업 계획
- '친환경자동차개발원' 설립
- CNG 하이브리드 버스 실증사업

이를 통한 2000년부터 2008년까지의 결과는 다음과 같습니다.

- PM 8,000톤 감소
- 190,000톤의 NOx 저감
- 74,000톤의 CO 저감
- 15억 달러 가치의 환경 개선 효과
- 일자리 창출 및 수출 증가(2005년~2012년) 12억 달러

한국은 이와 같은 접근 방식과 경험을 공유함으로써 도시 대기의 질을 개선하는 다른 국가들을 지원할 준비가 되어 있습니다.

IEF와 GECF 회의 (2018.12.7)

IEF와 GECF는 사우디아라비아의 수도 리야드(Riyadh)와 Qatar 수도 도하(Doha)에 본부가 위치하고 있는 데서도 알 수 있듯이 전통적인 유럽, 북미 수도의 국제 에너지 단체가 아니다. IEF는 International Energy Forum(국제에너지포럼)의 약자로 중국과 사우디아라비아가 재정적 후원을 하면서 운영을 주도하고 있다. 중국의 후원으로 사무총장으로 선임된 중국인 손 박사(Sun

Xiansheng)는 특유의 친화력으로 IEF의 대외활동을 활성화하여 IGU와 공동으로 주최하고 2년씩 교대로 주관하는 IGU-IEF 장관회의를 창설하여 운영해 오고 있다.

COP24 행사장 주변 화석 연료 사용중지 시위

IGU 측에서도 대외협력 전략상 성공적인 협업체제로 인정되어 한국 회장 임기 동안에도 지속적으로 운영하고 있다. 손 박사는 같은 동양인으로 수차례나 각종 국제 에너지 행사에서 만난 적이 있는 사이이고 저돌적이지만 호감 있는 파트너로 기억하고 있다. 필자에게 초청강연을 요청하여 IEF 사무국을 방문한 적이 있는데 인상적이었던 점은 사우디아라비아의 에너지 관련 국제행사와 기구에 대한 재정적 지원은 IEF사무국의 규모와 위치로 추정하건대 거의 무제한이었다.

IEF-IGU 장관회의

GECF는 Gas Export Countries Forum(가스수출국포럼)의 약자인데 러시아가 OPEC을 Role Model로 하여 설립한 배타적인 가스 카르텔(Kartell) 성격의 기구이다. 러시아의 후원과 추천에 의해 사무총장으로 선임된 Yury Sentyurin은 러시아 하원의원과 에너지

IEF-IGU 회의

장관 출신이다.

IGU와 GECF는 기관의 성격은 다르지만 가스시장 확대라는 공동 목적으로 긴밀히 협업하며 북극지역 LNG 시설 운영사인 Novatech이 주관하는 Yamal 회의, 러시아 Energy Forum 등에서 수차례 발표자로 공동 참여하면서 좋은 파트너십으로 발전하였다. 당연히 유럽, 북미 회원들은 환영하지 않는 분위기였지만, 한국 회장만이 할 수 있는 대외협력 관계 확장이라는 자부심을 가지고 추진하였다.

IGU 대외협력 관계는 기존의 전통 국제 에너지 기관과의 협업도 중요하지만 신흥 특수 목적의 국제 에너지 관련 기구와의 교류도 진

GECF2018에서 Yury Sentyurin(중앙)과 함께

정한 의미에서 IGU의 세계 가스 산업 대변인 역할의 확대에도 부합한다고 믿었다. GECF 가스시장 전망 발표장에서 연사로 동석한 오스트리아 외무장관 Karin Kneissl은 IGU가 사무국을 이전한다는 소식을 듣고 OPEC의 본부가 있는 빈으로 이전하면 오스트리아 국가 차원의 지원도 가능하다며 상당한 적극성을 보였다.

이런 행사장 위치 선정과 오스트리아 에너지 장관이 아닌 외무장관의 참석은 러시아와 오스트리아 에너지 수급 관계에 기인하였는데, 오스트리아 전력 생산은 가스에 의존하고 거의 전량을 러시아에서 수입하여 러시아와 외교적 관계는 다른 유럽국가와는 차원이 달랐다. 실증적인 사례로 우크라이나 전쟁으로 가해진 러시아 경제 제재에도 동참하지 않았다.

GECF 오스트리아 행사와 여러 중동국가 주최 행사에서 만난 OPEC 의장인 나이지리아 출신의 Muhammad Barkindo와 사적 대화에서 WGC 한국 행사 참석을 요청하여 긍정적인 답변을 받았다. 그는 성품이 소탈하고 교섭력이 탁월하여 러시아가 포함된 OPEC plus를 출범시켜 대외 영향력을 크게 강화하였다.

그러나 기후변화의 거대한 담론과 석유의 세계 에너지 믹스에서 위상 약화로 OPEC과 그의 위상도 예전과 같이 않았지만 최근에 접한 6년 임기 말을 앞둔 그의 서거 소식에 조의를 전한다.

World Bank와 CERAWeek2019 컨퍼런스 (2019.2.19)

IGU 대외활동 목록 중 가장 적극적으로 추진할 기관과 행사를 꼽으라면 모든 IGU 회원들은 단연코 WorldBank(WB)와 CERAWeek을 꼽을 것이다. 그 이유는 WB 투자 정책이 세계 에너지 정책의 방향을 결정하고, CERAWeek는 참석자 수준이나 토론과 주제의 격이 어느 국제행사와도 비교를 불허할 정도이기 때문이다. 한국 회장 임기 동안 두 기관에 대한 가시적인 성과 실현은 목표 1순위였다.

World Bank (WB)

국제 에너지 관련 정부와 민간단체의 회의인 G20, COP 그리고 금융기관들은 그들의 보고서, 협의 결과 선언문, 금융 지원 Guideline 등을 통하여 가스와 에너지 사업 성장과 발전에 큰 영향을 끼친다. 따라서 IGU의 대외활동 전략도 이들과의 관계 설정 과 개선에 초점을 맞추고 있다. 그러나 그동안 IGU와 이들에 대한 결과는 만족스럽지 못했다.

아시아의 필리핀에 본부를 둔 ADB(Asian Development Bank)는 이미 금융의 주도권을 중국에 본부를 둔 AIIB(Asian Infrastructure Investment Bank)에 넘겨준 상황이라 AIIB 상대로는 중국 Li

Yalan 부회장을 가교로 하여 AIIB 회장 면담 일정을 받았지만 중국의 철저한 Covid19 방역 정책으로 아쉽게도 불발되어 가시적 성과는 얻지 못했다.

유럽은행(ECB)은 이미 화석 연료 개발에 대한 모든 투자 중지를 선언해서 남은 곳은 세계에서 가장 큰 WB일 수밖에 없는 형편이었다. WB는 총 투자액의 80%를 아프리카 지역에 50%, 동남아시아 지역에 30%를 집중 분산하여 투자하고 있었다. 그러나 최근 기후변화의 세계적 흐름에 합류하여 석탄, 석유는 물론 심지어 천연가스까지 화석 연료라고 하여 투자를 유보하는 방향으로 투자방향을 전환하고 있었다. 아프리카에서 석유, 가스 자원개발 투자에 대한 WB의 소극적 태도는 자국 에너지 개발이 유일한 국가경쟁력 확보와 국부 창출의 기회인데, 이를 박탈할 뿐만 아니라 친환경 에너지 개발 여건 조성도 불가능하다.

IGU 회장이 한국인 점과 당시 WB에 김용 총재가 있었던 점을 잘 활용하여 적극적으로 WB 에너지 투자 총괄 책임자와의 만남을 추진하였다. WB의 이사 12명 중 한 자리를 한국과 호주가 이사 4년 임기를 2년씩 교차해서 맡는 구조여서 다행스럽게도 필자가 접촉한 시기가 한국이사가 재임하는 시기였다.

한국인 이사와 주미 대사관 도움으로 성사된 에너지 총괄 책임자인 이탈리아 출신 Riccardo Puliti와의 면담에서 WB 에너지 총괄 책임자의 WCG2022 행사의 주요 연사 약속과 WB와 IGU의 MOU 형태의 추진도 논의되는 성과를 얻었다.

이와 같은 성과는 IGU 90년 역사를 통해서도 큰 진전이었고, IGU 지도층에서도 놀라는 분위기였다. 이후 Riccardo Puliti는 부총재로 승진하여 후임으로 파견된 그리스 출신 Demitrios Papathanasiou와도 같은 기조의 협력관계를 유지하였다.

Demitrios Papathanasiou는 WGC2022 행사의 핵심 패널인 필자와의 1:1 대화 형태로 Open Dialogue의 상대 연사로 한국에 왔지만 입국할 때 Covid19 검사에서 양성으로 판명되어 경북 보건의료원에서 1주일간 입원 치료하고 돌아갔다.

당사자로서도 반갑지 않은 추억임에는 틀림없겠지만 상대역인 나에게도 큰 낭패였다. 또한 이 프로그램은 참가비 2백 달러에 100명 이상이 신청한 특별행사였고, 행사 취소로 환불하게 되면 재정적 손실이 발생하여 한국 NOC 측은 반대하였지만, "No Speaker, No Event" 원칙에 따라 나는 예정된 시간에 참석하여 모든 참가자에게 환불하고 제공된 점심도 공짜라는 공개 발표로 난관을 극복했다.

CERAWeek

CERAWeek는 에너지 시장 조사기관인 IHS Markit이 미국 텍사스 주 휴스턴에서 주요 국가 정책 입안자, 에너지 산업계, 학계, 기술 혁신가, 금융기관 등을 초빙하여 매년 개최하는 종합 에너지 관련 국제회의다. 1983년 Daniel Yergin과 James Rosenfield가 매사추세츠 주 케임브리지에서 CERA(Cambridge Energy Research Associates)를 설립한 것이 시초이다.

이후 CERA는 에너지 연구와 컨설팅 회사로서 에너지 시장, 지정학, 산업 동향, 기술과 전략에 대한 중요한 지식과 독립적인 분석으로 인지도를 높였다. 매년 CERA는 고객들에게 텍사스 휴스턴에서 며칠 동안 모여서 에너지 미래에 대한 통찰력을 얻은 논의를 진행하였다. 회의는 5일 동안 전시 행사 없이 다양하고 유익한 발표와 토론 세션만으로도 최고의 네트워킹 기회로 확장되어 회의 명칭을 CERAWeek로 변경하였다. 현재는 전 세계의 에너지 미래에 대한 포괄적인 통찰력을 제공하는 세계 최고의 에너지 행사 중의 하나가 되었다.

IGU는 오랫동안 부난히 세계 최고의 에너지 토론장인 CERAWeek 토론에 참가하려는 노력을 해왔다. 각 기관과 글로벌 기업들은 홍보 목적으로 거액의 후원금을 기부하고 토론 자격을 얻는나. 참고로 IGU 홍보책임자인 Mel Ydreos은 이러한 노력의 실무 책임자로 꾸준히 CERAWeek 실무자들과 접촉해 왔다.

드디어 IHS Markit과 WGC2021 주최 측은 MOU 형태로 쌍방 간의 초청 결정을 하였다.

IHS Markit은 WGC2021 행사에 Daniel Yergin을 포함한 3명의 사회자 파견과 홍보관을 제공받고, WGC2021 측은 토론자 초청 확약과 1인당 8천U$ 상당의 입장권을 5매 받는 조건으로 합의하였다.

이 협상에는 나의 수행실장인 한국가스공사 김동훈 차장이 큰 역할을 하였고, 이러한 계약은 구조적으로 Daniel Yergin과 나의 네트워크 구축에 일조하였다.

참고로 필자도 IGU 수장으로서 가스업계의 석학으로 공인되는 IGU의 Wise Person으로 Daniel Yergin을 연속적으로 모시고 있다.

2019년 2월에 열린 CERAWeek 2019는 85개국을 대표하는 1,000여 개 단체에서 5,500명의 대표단이 참석하였다. 여기에는 650명 이상의 CEO와 회장, 1,400 명 이상의 C급 임원, 90명 이상의 장관과 정부 대표 등이 참석하여 세계 경제전망, 지정학, 에너지 정책과 규제, 기후변화, 기술혁신에 관한 주제들에 대한 토론이 이루어졌다.

CERAWeek 2019 Agora 프로그램에서 에너지 전환기의 천연가스 역할에 대해서 토론할 기회를 가졌다. 이번 토론회에는 IHS Markit의 부사장인 Tim Gardner의 사회로 Eni사의 Claudia Squeglia, Emerson

CERAWeek2019 토론회 참석

사의 Power and Water Solutions 부문 사장인 Bob Yeager, Uptake Technologies사의 Energy Solutions 부문의 글로벌 사업 책임자인 Sonny Garg와 함께 하였다.

이런 토론을 통하여 새로운 정보와 그들의 에너지 시장에 대한 식견을 직접적으로 공유할 수 있었다.

특히 Emerson의 Yeager 사장의 태양광에 의한 전력이 전력시장에서 4%에서 20%의 점유율이 될 때 전력 표준화 비용이 약 50배 정도로 기하급수적으로 증가한다는 의견은 인상적이었다.

CERAWeek2019 발표내용

좋은 아침입니다. 이른 아침부터 함께 해주셔서 감사합니다.

또한 가장 영향력 있고 시기적절하게 에너지 리더의 연례 모임을 다시 개최하여 에너지 문제와 기회에 대해 토론하게 해주신 주최 측 IHS Markit에 감사드립니다.

IGU 회상으로서 IGU에 대해 간단히 말씀드리겠습니다. 우리는 90개국의 가스 산업을 대표하는 글로벌 조직이며 60개 이상의 준회원과 함께 세계 가스 생산과 소비의 95% 이상을 차지합니다.

역사적인 COP21 협정 이후 3년 동안에, 인류의 지속가능한 개발 목표를 달성하기 위한 미래의 에너지 믹스는 재생에너지와 천연가스가 될 것이라는 합의가 이루어지고 있다고 해도 과언이 아닙니다. 기후변화를 막기 위하여 온실가스를 배출하지 않는 에너지원으로 전환해야 하는 여정에서 최근 재생에너지의 가격 인하와 효율 향상으로 인하여 재생에너지가 큰 폭으로 성장하고 있습니다.

천연가스가 재생에너지의 성장에 방해가 될 수 있을 것이라는 예상과 달리, 천연가스는 높은 가용성과 저렴한 가격으로 재생에너지를 보완하면서 천연가스의 사용 증가와 함께 저탄소 경제로의 순조로운 전환을 가능하게 할 수 있습니다. 천연가스는 다양성, 가격과 효율 측면에서 여러 방식으로 재생에너지와 파트너 관계를 맺기에 가장 적합한 연료입니다.

• 천연가스는 풍력과 태양 에너지의 간헐성과 변동성의 문제를 해결하는 데 도움이 될 수 있습니다.

• 분산 천연가스 기반 에너지 시스템은 재생 가능한 열 및 전기 발전 시스템과 통합되어 하이브리드 시스템을 제공할 수 있습니다.

• 천연가스 인프라는 바이오 가스 또는 재생 가능한 가스의 광범위한 사용을 가능하게 합니다.

• 천연가스 기반 인프라는 재생에너지의 저장 매체로 수소 또는 합성 가스의 사용을 가능하게 할 수 있습니다.

• 천연가스 시스템은 가정에 깨끗하고 신뢰할 수 있는 에너지를 공급하기 위한 기반(backbone)을 제공하며, 산업 연료와 육상·해상 운송을 위한 대체 연료로 사용할 수 있습니다. 천연가스 인프라는 기존 난방 시장에서 직접 재생 가능한 가스를 제공할 수 있습니다.

재생에너지의 사용을 늘리기 위한 파트너이자 촉매로서 천연가스를 더 많이 사용함으로써 탄소배출량을 줄일 뿐만 아니라 SO_x, NO_x와 공중 보건 및 호흡기 질환의 주요 원인인 공해물질의 배출을 줄일 수 있습니다.

이것은 또한 발전을 넘어선 문제입니다. 다시 말해 천연가스가 운송 부문에서 전통적인 정제 연료와 가정용 난방, 조리 영역의 고체 연료를 대체하거나, 상업용 응용 분야와 고효율 소규모 전력, 그리고 열 응용 분야에서 고효율 보일러에 사용함으로써 지구 환경과 전 세계 수십억 명의 건강을 실질적으로 증진시킬 수 있습니다. 천연가스는 지금 준비되어 있고, 재생에너지를 위한 최고의 장기 파트너 에너지원입니다.

이와 관련하여 우리 IGU는 각국의 정책 입안자들에게 다음과 같이 제안하고자 합니다.

① 발전 믹스를 결정할 때 출력 변동성과 관련된 모든 비용 요소를 포함하여 전력 공급 장치 대안의 전체 기본비용을 기반으로 할 것을 권고합니다.

• 가격 메커니즘과 배출 성능 표준은 오염된 공기와 관련된 의료비용 및 CO_2와 관련된 배출과 같은 외부 비용을 고려해야 합니다.

• 정책적으로 가스가 제공하는 유연성을 보상해야 합니다. 이는 현재 정책 입안자들이 연료 선택에 사용하는 전력의 LCOE(Levelised Cost of

Electricity)에 반영되어 있지 않습니다.

• 시장 접근 방식을 기반으로 하는 발전용량 보상 메커니즘(Capacity Remuneration Mechanism, CRM)은 안전하고 유연하며 환경적으로 지속가능한 가스 화력 발전 용량의 정확한 시장 가치를 인식하는 유용한 도구가 될 수 있고, 이는 재생에너지가 더 확장될 수 있도록 할 것입니다.

② 천연가스와 재생에너지의 보완적 특성에 초점을 맞춘 혁신과 신기술에 더 큰 중점을 두고 재정 지원할 것을 권고합니다.

③ 천연가스와 재생에너지 사이의 상호 보완적인 관점에서 천연가스 산업과 재생에너지 부문이 계속해서 협력을 구축하고 이러한 파트너십의 가치를 극대화하기 위해 노력할 것을 강력하게 권고합니다.

작년에 SNAM의 CEO인 Marco Alverta는 재생에너지와 천연가스의 혼인을 제안한 적이 있습니다. 그렇게 되려면 서둘러서 '약혼'해야 하지 않나 생각합니다.

LNG2019 총회 (2019.4.2)

에너지 전환 과정에서 재생에너지와 원자력의 확보가 용이하지 않은 국가에서는 석탄 발전의 대체 및 신규 LNG 발전 건설과 블루 수소(blue hydrogen) 생산을 위한 천연가스 수요가 증가하고 있다.

우리나라를 포함한 EU, 미국, 중국과 일본 등의 주요 선진 국가에서도 탄소 중립을 이행하는 과정의 에너지 믹스에서 천연가스 의존도를 늘리겠다는 계획이다.

또한 인도, 태국, 싱가포르 등 동남아 지역의 국가들에서도 석탄 발전을 줄이고, LNG로 대체하면서 이산화탄소를 감축하고자 한다.

IGU가 주관하는 가스업계의 세계 3대 컨퍼런스·전시회로는 WGC, LNG, IGRC가 있다. 2019년에는 중국LNG협회, 중국가스협회, 중국 냉동협회의 주최로 중국 상하이시에서 4월 1일부터 5일까지 LNG2019를 개최하였다.

LNG2019에서는 Exxon Mobil, Chevron, Shell, Gazprom, Petronas 등 세계 주요 LNG 기업의 CEO를 포함하여 150여 명 이상의 발표자가 포럼과 발표 세션에 참여하였고, 전 세계 80여 개국에서 550개 이상의 가스 관련 기업과 1만 1,000여 명이 참가하였다.

LNG2019 둘째 날인 4월 2일에는 필자가 사회자(Moderator)로서 Shell, Total, BP, KOGAS 등 글로벌 에너지기업 대표들과 함께 'New LNG Markets'이라는 주제로 LNG 업계 전망과 신규 시장에 대하여 발표하고 토론하는 기회를 가졌다.

이런 권위 있는 토론자와 함께하는 발표장의 사회는 회장 취임 이후 처음이라 무척 긴장되었다. 잘할 수 있다는 긍정적 마음가짐이 대단히 중요하고 실수에 대한 두려움은 자신을 믿고 과감히 버려야 한다. 당시 옆에 있던 행사 팀장인 Rodney가 "break a leg"으로 응원해주었다. 무난히 잘 진행하고 무대에서 내려올 때 자신감이 생긴 것 같았다. 어떤 의미에서 사회자는 본인이 질문할 내용에 대한 사전 숙지가 가능하여 토론자 참여 때보다 오히려 편한 느낌이었다.

LNG2019 개막 연설문 (2019.4.2)

모두 환영합니다. 저는 강주명이고 앞서 들은 대로 IGU 회장입니다.

우리는 회의를 훌륭하게 시작했으며, 이제 최근 몇 년 동안 빠르게 진화하

LNG 2019 개막 연설

는 LNG 시장과 관련된 더 깊고 중요한 몇 가지 문제를 살펴보고자 합니다.

이번 세션의 주제는 LNG 신규 시장과 관련되며 다음의 내용을 포함하고 있습니다.

- 투자자와 운영자가 자체 시장을 창출하기 위한 전략
- LNG의 신흥 시장
- LNG에 대한 장기 수요창출
- 운송용 LNG

2018년 방글라데시, 파나마 2개 국가가 LNG 협회에 가입하여 LNG를 사용하는 국가가 총 42개국으로 증가하였습니다. LNG는 경제발전에 기여하는 지속가능한 에너지원이며, "더 많은 에너지를 더 많은 사람에게, 저렴한 가격으로 친환경으로(More energy to more people, less emission and pollution at lower costs)"라는 두 가지 글로벌 목표를 따르는 에너지입니다.

기존 및 새로운 시장 진입자는 LNG 시장을 성장시켜야 하며, 현재 LNG를 수입하고 있지 않은 소규모 국가들도 LNG가 제공하는 엄청난 이점을 활용하기 위해 합류할 것입니다. FLNG(Floating Liquefied Natural Gas)와 같은 기술혁신을 통하여 이러한 소규모 LNG 수요의 국가들도 LNG 시장에 참여할 수 있고 이를 통하여 전 세계가 지속가능한 에너지 세상을 만들 수 있을 것으로 기대합니다.

FLNG는 해상 부유식의 액화설비로 해양에서 발견된 천연가스를 육지 시설로 운송하지 않고, 천연가스 생산, 정제, 액화와 저장까지의 공정을 바다에서 뜬 채로 LNG를 만드는 설비입니다.

육상에서 멀리 떨어진 심해 가스전은 해저 파이프라인 설치 한계 때문에 가스전 개발을 할 수 없는 경우도 있었고, 또한 육상에서 높은 건설비용을 들여서 육상 시설을 설치할 필요가 없게 되어 가스전 개발 한계를 넓혀준 혁신 기술입니다.

그리고 천연가스는 발전 외에도 미래의 보다 지속가능한 에너지 시스템에서 매우 중요한 역할을 할 장거리 또는 해상운송과 같은 다른 기회가 있습니다.

에너지 접근성 개선은 국민들의 빈곤을 극복하고 또한 경제성장 촉진과 지속가능한 인적자원 개발에 필수적입니다. 이러한 점에서 세계경제는 앞으로 수십 년 동안 에너지 공급량을 늘려야 할 것입니다. 천연가스는 풍부하고 낮은 탄소 배출량으로 인해 전 세계 에너지 믹스에서 점점 더 많은 비중을 차지할 것으로 보이며, LNG는 에너지가 부족한 개발도상국 시장에 대한 글로벌 접근을 제공할 것입니다.

앞으로 에너지 수요 증가의 80%는 아시아와 아프리카에서 발생할 것입니다. 아시아는 2030년까지 연료의 70% 이상을 수입하여 전 세계 LNG 수요의 중심이 될 것으로 예상됩니다.

유럽은 또한 역내 가스 생산량 감소로 인한 에너지 수급 이슈에 대응하고 '발전 부문에서 석탄을 사용하지 않는' 유럽 트렌드에 따라서 LNG 소비를 늘릴 것으로 예상됩니다. 천연가스의 가장 큰 단기적 기여는 분명히 전력 부문에서 석탄을 대체하는 것입니다. 그러나 가스 산업은 전력을 넘어 새로운 시장으로 나아가야 합니다.

이를 위해 LNG 산업은 2020년대 중반까지 새로운 시설 용량의 추가가 필요합니다. 또한 신흥시장의 도시가스 수요 증가를 충족하려면 연간 350억~550억 달러의 투자가 필요할 것으로 예상됩니다. 공급 다변화, 비용 절감, 석탄과 재생에너지에 대한 경쟁력 유지, 투명한 LNG 시장과 허브 개발, 기술개발과 새로운 비즈니스 관행이 모두 앞으로의 주요 과제가 될 것입니다.

이번 LNG2019 행사 중 특이한 경험을 소개하면 중국의 막강한 실력자인 상해시 총서기 리창(李强)은 에너지 장관을 대동하고 중국의 파란하늘 정책(Blue Sky Policy)과 일대일로 정책의 추진 의지를 대외에 홍보하고자 글로벌 메이저 기업의 CEO, UAE 석유장관 등 중요 인사들을 그의 공관으로 초대하였는데 나는 Guest Leader로 선정되어 최상석의 자리에 배석하였다.

모든 메이저 기업의 CEO들은 자기들이 지원하는 협회의 회장이 상석에 앉는 것이 못마땅한 눈치였다. 나는 간단하게 초청에 대한 감사 인

중국 상하이 총서기와의 회담
(좌부터 Qartar 장관, 본인, 리창, 중국 에너지장관)

사만 총서기에게 전하고 바로 Exxon Mobil의 Chairman & CEO인 Darren Woods에게 세계 가스 산업 대표로서 중국 정부에 건의할 기회를 주었다. 이후 Darren Woods는 여러 차례 감사의 표시를 하였다.

Oil and Gas Uzbekistan(OGU) 회의 (2019.5.16)

우즈베키스탄은 러시아 연방에 풍성한 식량과 과일을 제공하는 곳으로서 러시아 연방의 Cuisine(요리)이라 표현할 정도로 농업자원 강국으로도 유명하다. 600m 고지에서 건강한 풀을 먹고 자란 소와 양고기 숯불구이는 우즈베키스탄의 대표적 음식이다.

우즈베키스탄의 Uzbekneftegaz는 전직 부총리 급 CEO가 경영하는 국영석유가스회사로 우즈베키스탄 젊은이들이 최고로 선망하는 직장이다. IGU 회원인 이 회사는 회사 사정으로 3년간 회비가 미납되어 IGU에서 퇴출이 임박한 가운데 Keynote Speaker로 IGU 회장인 필자를 초청하였다.

각 회원국들은 자국의 국가적인 에너지 관련 행사에 IGU 회장을 초청하는 것이 행사의 위상을 높일 수 있는 좋은 기회여서 사무국이나 회장국으로 1년 전에 초청을 요청한다. 매년 60개 정도의 초청 연사 요청이 오는데 사무국이 관리하는 IGU Master Calendar에 기록하여 회장과 사무총장 간 월례회의에서 참석할 대표자를 결정한다.

원칙적으로 1급 행사는 회장이 참석하지만, 남미 지역 또는 회장과의 일정이 겹치면 사무총장, 지역 지도자, 홍보팀장 순으로 선정한다. 이런 결정은 초청국의 융숭한 환대 문화 때문에 경쟁이 치열해서 참석할 대표 결정이 종종 순탄치만은 않다.

우즈베키스탄은 IGU 지도층 인사들이 방문을 선호하는 나라다. 그러나 한국 회장 재임기간에는 IGU의 대변인은 회장이라는 철저한 원칙하에 다른 업무에 비해 별 이견 없이 운영되었다.

우즈베키스탄에서의 OGU2019 회의 참석 목적은 미납된 회비의 완납을 유도하고 우즈베키스탄을 비롯한 주변국가의 적극적인 참여를 독려하기 위해서였다. 이 행사는 정부 주도로 개최되어 2,000명 이상의 참석자와 30개국이 참여한 성공적인 행사였다. 그리고 전통예복과 전통음악, 음식으로 꾸며진 화려한 저녁 만찬상에서 내가 최상석에 자리 잡게 하여 IGU 회장의 위상을 실감하는 자리였다.

전직 총리 출신인 CEO에게 회비를 완납하면 IGU 내에서 우즈베키스탄의 위상 제고와 재(再)참석을 약속하였지만 Covid19 Pandemic으로

우즈베키스탄 국영가스회장 (우측)

OGU2019 기조연설

모든 약속은 지켜지지 않았다.

끝으로 우즈베키스탄 국민의 교육열은 거의 한국 수준에 가깝고 부모의 자식에 대한 헌신적인 희생은 나를 안내한 주최기관의 홍보 책임자에게서도 느낄 수 있었다. 또한 이 분은 영국에서 석사학위를 취득한 후 주간에는 경영학 박사 과정, 야간에는 법학 박사 과정을 동시에 수학하고 있는 매우 학구적인 사람이었다.

그러나 박사과정을 같은 기간에 주야간으로 두 전공을 허용한 우즈베키스탄 교육제도에 관한 한 교육자인 나로서도 동의를 유보한다.

끝으로 우즈베키스탄 국민의 교육열은 거의 한국 수준에 가깝고 부모의 자식에 대한 헌신적인 희생은 나를 안내한 주최기관의 홍보 책임자에게서도 느낄 수 있었다. 또한 이 분은 영국에서 석사학위를 취득한 후 주간에는 경영학 박사 과정, 야간에는 법학 박사 과정을 동시에 수학하고 있는 매우 학구적인 사람이었다. 그러나 박사과정을 같은 기간에 주야간으로 두 전공을 허용한 우즈베키스탄 교육제도에 관한 한 교육자인 나로서도 동의를 유보한다.

G20 Natural Gas Day 회의 (2019.6.12)

2019년 6월에 개최된 G20는 일본이 회장국이고, 세계적 분위기는 기후 변화라는 큰 파도 앞에서 전통 에너지 회사들은 자구책 마련에 동분서주하는 시기였다.

또한 일본은 수소경제를 에너지 정책의 근간으로 하여 탈(脫)화석 연료 전선을 선도하였다. 참고로 G20은 G7에 12개의 신흥국·주요 경제국, 그리고 유럽연합을 더한 20개의 국가와 지역 모임이다.

IGU 입장에서는 G20 에너지 분과 선언문에 천연가스 사용을 억제하는 문구가 포함될 경우 가스 산업의 미래는 그야말로 치명적이었다.

2018년 10월에 LNG 수입자 협회(GIIGNL) 행사가 일본 후쿠오카(Fukuoka)에서 개최되어 필자가 참석하여 기조연설을 하였다. 이 행사에서 G20 IGU 부대행사(side event)인 Natural Gas Day 행사가 가능하도록 도와준 두 명의 핵심 인사를 만났다.

한 분은 Michiaki Hirose로 일본 도쿄가스 사장 겸 일본가스연맹 회장인데, 나를 초청하기 위하여 본인이 직접 한국을 방문하여 초청장을 전달하신 분이다. 또 한 분은 일본 경제산업부(METI) 석유국장인 Ryo Minami인데 정부 차원에서 큰 기여를 하였다. 이 두 분의 적극적인 협조로 행사는 성공적으로 개최되었고, 선언문을 Hiroshige Seko 장관에게 전달하는 일정도 확정되었다. 그야말로 예상외의 성과로 앞으로 IGU 주요 인사들이 한국 회장국에 대한 인식을 바꾸는 계기가 되었다고 자신 있게 말할 수 있다.

일본가스연맹 회장(Michiak Hirose, 오른쪽)과 함께

일본 경제산업성 Seko 장관(오른쪽)과 함께

선언문 전달식 당일 호르무즈 해협에서 일본 상선이 이란의 이슬람혁명수비대(IRGC)에 나포되는 뜻밖의 사건이 발생하여 전달식은 없는 행사로 되는 듯했다. 그러나 예정대로 진행되었고, Hiroshige Seko 장관은 기념사진 촬영 후 20분간 일본 정부의 에너지 기조를 설명하고 IGU 선언문도 긍정적으로 검토하겠다고 약속하였다.

Hiroshige Seko 장관 면담 후 50명의 일본 기자단 앞에서 기자회견과 에너지 관련 각종 이슈에 대한 질의응답을 1시간 동안 진행하였다. 이러한 기회는 회장직 수행에 대한 자신감을 주었고, 이는 우주선이 발사된 후 성공적으로 본궤도에 안착하여 운행하는 느낌이었다. 참고로 당시는 한일관계가 극도로 악화되어 Hiroshige Seko 장관은 우리나라 산업통상자원부 장관 면담도 거절하고 모든 계층에서 한국과의 접촉이 금지되고 있던 기간이었다.

G20 Natural Gas Day2019 기조연설문

이번 주말의 지속가능한 에너지 워킹그룹(ESWG, Energy Sustainability Working Group) 회의와 에너지 및 환경 장관 회의를 계기로 2019 천연가스의 날(Natural Gas Day 2019)에 참석하신 모든 분들을 진심으로 환영합니다.

G20 Natural Gas Day 2019 참석

먼저 경제산업성(METI, Ministry of Energy, Trade and Industry)과 일본 G20 의장단에게 이번의 원활한 회의 운영과 성과를 축하하고 다가오는 장관급과 지도자 포럼에서도 성공을 기원합니다.

또한 훌륭한 패널과 함께 많은 참석자들이 참석하는 행사가 될 수 있도록 노력한 일본가스협회 Hirose 회장에게도 깊은 감사를 드립니다. 더불어 동북아 지역에서의 천연가스, 특히 LNG의 역할에 대한 유익한 토론을 기대합니다.

2011년 6월 국제에너지기구(IEA)는 세계 에너지 전망 시리즈의 일환으로 천연가스의 '황금기' 잠재력에 대한 특별 보고서를 발표했습니다. 이 보고서에 의하면 전 세계 에너지 믹스에서 천연가스가 더 중요한 역할을 할 수 있는 주요 요인과 기타 연료, 에너지 안보와 기후 변화에 미치는 영향을 조사했습니다. 보고서의 제목이 '가스의 황금시대에 접어들고 있는가?(Are We Entering a Golden Age of Gas?)'임에도 불구하고 대부분의 사람들은 제목 끝에 물음표는 없고 실제로 '가스의 황금시대'에 진입했다고 표현한 것으로 생각했습니다.

그러나 실망스럽게도 이후 몇 년 동안 여러 가지 이유로 인해 보고서에서 언급한 바와 같은 가스의 황금기는 오지 않았습니다.

2019년이 되면서 IEA가 제기했던 질문에 대해 훨씬 다른 모습으로 명확하게 나타남을 알 수 있습니다. 천연가스는 기록적인 속도로 지속적이고 상당한 성장의 시대에 접어들었습니다.

2018년의 LNG 거래량은 연간 3억 톤을 넘어섰고 최소 향후 5년 동안 기록적인 속도로 계속 증가할 것으로 예상되며 새로운 LNG FID가 실행되면 그보다 훨씬 더 많은 LNG 거래가 이루어질 것입니다. 모든 주요 지역에서 파이프라인을 통하여 추가로 가스를 공급하기 위한 새로운 파이프라인 건설도 거의 완성 단계에 있습니다.

오염되고 더러운 도시 공기를 개선하기 위한 천연가스의 가치는 중국의 '파란 하늘 정책(Blue Sky Policy)' 이상으로 점점 더 인정받고 있습니다. 그리고 탄소 기반 연료에서 천연가스로의 연료 전환을 통한 탄소 배출량 감소가 전 세계적으로 실현되고 있습니다.

IGU의 연간 LNG 보고서에서 설명한 바와 같이 이 지역은 계속 세계에서 가장 높은 수준의 LNG를 소비하고 있습니다. 2018년은 5년 연속으로 성장을 기록했으며, 역대 세 번째로 높은 연간 성장을 기록했습니다. 이러한 증가는 호주, 미국, 러시아의 새로운 액화 공장의 생산량 증가에 기인한 것입니다. 2017년과 마찬가지로 2018년 LNG 수입 증가는 세계 2위와 3위의 LNG 수입국인 중국과 한국에 의해 주도되었습니다. 우리가 잘 알고 있듯이 일본은 여전히 1위의 LNG 수입국입니다.

중국과 한국은 2017년에 각각 1200만 톤과 420만 톤, 2018년에는 1,580만 톤과 640만 톤 수입으로 2018년 LNG 수입 수요증가의 주요 동인이었습니다. 중국과 한국의 2018년의 22.2백만 톤의 성장은 순(純)무역 증가의 거의 80%를 차지합니다. 이는 2017년에 이미 50% 증가율을 기반으로 합니다. 중국의 1,580만 톤의 수입 증가량은 단일 시장 사상 최대로 2017년에 중국이 세운 기록을 넘어섰습니다.

또 다른 중요한 추세이자 오늘 첫 번째 패널의 주제는 LNG 현물 무역이 전체 무역의 거의 30%로 증가했다는 것입니다. 이는 가스가 지역 시장보다는 글로벌 시장으로 나아가고 있다는 중요한 신호라고 할 수 있습니다. 물론 올해 초 LNG 가격이 크게 하락했으며 사상 처음으로 아시아 지역이 실제로 유럽 지역보다 더 낮았습니다.

이제 이 세션이 개최됨을 선언하면서 모두가 동참하기 바랍니다. 그리고 이 세션은 채텀 하우스 룰(Chatham House Rules)에 따라 진행되고 있습니다. 다시 말해 소셜 미디어를 통해 참가자가 회의에서 획득한 정보를 사유롭게 사용하되, 발언자의 신상과 소속, 또는 다른 참가자의 신상과 소속을 밝히지 않는다는 것을 말합니다.

Asia Oil & Gas Forum (2019.6.20)

인도네시아, 말레이시아는 말레이어를 사용하면서 에너지 산업이 자국의 경제력의 거의 반을 차지하는 에너지 강국이다. 두 나라 모두 우리나라의 천연가스를 포함한 자원공급원 국가이므로 한국 출신의 IGU 회장으로 우선 이들 국가들을 회장 재임 기간 중 우호 세력으로 만드는 것이 전략적으로나 문화적으로도 적합하다고 생각되었다. 이런 기조에서 말레이시아를 동남아시아 지역 책임자(RC)로 선임하였다.

마침 말레이시아 국영 석유회사인 Petronas가 주관하고 Mahathir Bin Mohamad 수상이 축사를 하는 동남아시아 최대 에너지 행사인 Asia Oil & Gas Forum에 Keynote Speaker로 초청되어 Mahathir 수상과 맨 앞줄에 착석하는 융숭한 대접을 받았다. 이후 말레이시아 Gas 협회가 주관한 Diplomatic Forum의 개회사를 하고 국영 언론기관과 인터뷰도 실시하였다.

이런 노력의 일환으로 이들 국가는 IGU에서의 중요한 의사결정 때마다 한국 회장 의견에 협조하였다. 개인적으로 말레이시아는 특별한 관계가 많은 국가이다. 필자가 Tulsa대학 석유공학과 재직 시 Mahathir Mohamad 수상이 셋째 아들인 Mokzani의 생일과 입학을 축하하기 위해 Tulsa대학을 직접 방문한 적이 있다. Mokzani는 석유공학과에 입학하여 내가 개설한 과목을 3개 이상 수강하였지만 중동국가 황족 아들처럼 성적은 그다지 좋지 않았다.

1986년 서울대학교 에너지자원공학과 교수로 채용되어 귀국할 즈음 나의 사무실로 Mokzani가 찾아와 환송인사와 함께 말레이시아 방문을 초청하였다. 그래서 주소를 적어 달라고 했더니 수상 관저로 오면 된다는 저돌적인 대답을 하였다. 그가 Mahathir Bin Mohamad 수상의 아들이라는 것을 이미 알고 있었지만 특별히 찾아와서 공개적으로 자신의 신분을 밝히는 것은 자기 나름대로 딴 의도가 있는 것 같았다.

말레이시아에서 LNG를 포함하여 많은 자원을 수입하는 한국 입장에서 이 학생을 통할 경우 국가 간 관계 개선에 도움이 될 수 있겠다는 생각에서 Tulsa대학을 떠나는 나의 환송 선물로 재시험 기회를 주었다. 다행히 좋은 성적으로 수료하게 되어 나와의 인연은 Happy Ending이었다. 이후 Mokzani는 말레이시아 3대 부자로 급성장하여 내가 말레이시아 행사 참석으로 숙박했던 호텔로 직접 인사차 방문했다는 소문이 Petronas 임원들에게 알려져 이들과의 Networking 강화에 기여했다는 것은 부인할 수 없는 사실이다.

Mahathir Bin Mohamad 수상의 에너지를 포함한 자국의 자원관리에 관한 철학인 '자국에서 생산되어 수출되는 한 방울의 석유는 반드시 해외에서 확보하라.'는 선지자(先知者)적인 해외 자원개발 전략의 식견에는 숙연해졌다. 이러한 지도자 덕분에 Petronas가 말레이시아 재정의 반 정도를 차지할 정도로 잘 운영되고 있고 또한 비교적 민주적인 정치 체제를 유지하고 있다고 생각되었다.

인도네시아는 1987년 Kodeco 유전의 평가교수로 방문하기 시작하여 세계에서 가장 빈번하게 왕래한 국가이다.

이런 인연으로 인도네시아는 많은 지인들이 거주하고 있어 방문할 때마다 제2의 고향에 가는 기분이다. 인도네시아인으로 Tulsa대학에서 수학한 인도네시아 가스청 부청장인 Trian과 에너지장관을 역임했던 반둥공과대(ITB) Rudy 교수 등이 있다.

필자가 동자부의 평가단장으로 임명되어 Kodeco 마두라 유전 실사단을 구성할 때 가스 정제시설 분야 평가교수로 Rudy 교수를 선임하고

말레이시아 경제 부총리(Azmin, 왼쪽)와 함께

여러 모로 배려해준 인연으로 그가 장관 재직 시 면담을 요청하면 언제라도 응해 주었다. 인간의 은혜 관계는 국내외를 막론하고 베풀 당시는 메아리 없는 소리일 수 있지만 이렇게 부메랑이 되어 화답한다는 우연 아닌 필연의 순리에 나의 몸가짐을 재점검하게 된다. 말레이시아와 인도네시아는 필자에게는 IGU 회장 재임 기간뿐만 아니라 명예회장 기간이라도 항상 가장 방문하고 싶은 나라로 간직하고 싶다.

Petronas 회장(Datuk Wan Zulkiflee Wan, 오른쪽)과 함께

IndoGas 2019 컨퍼런스에서 인니 에너지 장관과 함께

World Energy Council 총회 (2019.9.10)

IGU 대외활동 사업은 크게 두 가지로 분류할 수 있다. 첫째는 회원국가가 주관하는 가스 관련 행사에 후원기관으로 참여하여 회원사가 추구하는 사업을 정부기관에 협조 지원하는 것과 국제 에너지 기관이 주관하는 행사에서 IGU 위상을 홍보하는 것이다.

이 중 필자가 열정적으로 추진한 사업이 세계 에너지 관련 기구와 협업 또는 협조 체제를 구축하는 것이었다. 회장 취임 당시 세계적 흐름은 'Golden Age of Gas'였지만, 세계 에너지 기관의 실무진들이 느끼는 현장 분위기는 사뭇 차이가 있었다.

WEC(World Energy Council, 세계에너지총회)는 1923년 영국 런던에서 설립된 에너지 전문 국제 민간기구이다. 초기에는 전력분야 공학

WEC 2019 총회 패널토론

자들을 중심으로 제1차 세계대전 후 황폐화된 전력사업을 재건하는 데 집중하였으나 점차 석유, 가스, 원자력, 재생에너지 등 에너지 전 분야로 영역을 확대하였으며 국제 에너지 기구 중 에너지 생산국과 소비국이 모두 모여 국제사회에서 에너지 업계의 입장을 대변하는 기구가 되었다. 본부는 영국 런던에 있고, 회원국은 2014년 기준으로 전 세계 94개국이다. 2019년에는 9월에 UAE 아부다비(Abu Dhabi)에서 WEC 총회가 개최되었다.

WEC는 매년 전체 회원사가 모여 중요사항을 결정하는 연차총회를 열고, 각 부회장 주재 하에 대륙별 지역회의를 연간 수차례 개최한다. 3년 주기로 개최하는 WEC는 가장 규모가 크고 권위 있는 전력 에너지 관련 컨퍼런스의 하나이다.

우리나라에서는 2013년에 'Securing Tomorrow's Energy Today(내일의 에너지를 위한 오늘의 행동)'라는 주제로 대구에서 2013 대구세계에너지총회(WEC Daegu 2013)가 개최된 바 있다.

WEC는 다른 국제에너지기관처럼 사무국 중심 운영체제여서 의장의 지시는 권고사항이었다. 그러나 WEC 의장인 대성그룹 김영훈 회장의 강력한 리더십으로 나에게도 IGU 역사상 처음 주제 발표와 토론자로 참석하도록 도와주어서 "글로벌 에너지 전환에서 가스의 역할(The role of gas in the global energy transition)"이라는 주제의 패널 토론에 참석하여 협업의 장을 만들었다.

이번 회의에서는 에너지 트릴레마(Trilemma)의 해결을 위한 천연가스의 역할과 에너지 전환에서 완벽한 해결책은 없고 여러 에너지원의 조합이 해결책이 될 수 있다고 강조하였다.

WEC2019 총회 전통춤 행사

WEC 연설문

'글로벌 에너지 전환에서 가스의 역할'이라는 중요한 주제에 대해 패널에 초대해 주신 WEC에 감사를 드립니다.

"가스는 지속가능한 에너지 미래를 위한 중요한 경제적, 환경적 역할을 합니다. (Gas has a vital economic and environmental role towards a sustainable energy future)."라고 말하면서 제 발표를 시작하겠습니다.

최근 IEA가 발표한 '지속가능한 미래 시나리오(Sustainable Future Scenarios)'를 포함한 모든 주요 에너지 전망에 따르면 가까운 미래와 2050년 이후에도 가스의 명확하게 중요한 역할이 있음을 언급하고 있습니다. 그리고 그 이유는 오늘날의 세계가 우리 시대의 가장 큰 도전에 직면해 있기 때문입니다.

이를 에너지 트릴레마(Energy Trilemma)라고 합니다. 문제는 지속적으로 늘어나는 세계 인구와 경제에 어떻게 지속가능하고, 안전하고, 저렴하게 충분한 에너지를 제공하는 동시에 대기질을 개선하고, 기후변화 약속을 충족하며, 사람들을 에너지 빈곤에서 벗어나게 하는가 하는 것입니다.

우리는 중단기적으로 가스가 에너지 트릴레마에 상당히 긍정적인 영향을 미칠 수 있는, 매우 유리한 위치에 있는 에너지라고 생각합니다. 또한 우리가 에너지 혁신, 연구와 기술의 새로운 시대를 열지 않는 한 이러한 도전이 장기적으로 해결될 수 없을 것입니다.

우리는 또한 재생에너지와 천연가스가 중심이 되더라도 받아들여야 합니다. 에너지 전환 단계에서 완벽한 해결책은 없고 여러 에너지원의 조합이 해결책이 될 것입니다.

질문: 천연가스는 저탄소 경제에 대한 '가교 연료'로서의 약속을 지키고 있습니까?
(Is natural gas holding its promise as a 'bridging fuel' to a low-carbon economy?)

서두에서 제가 말한 것을 다시 말하는 것으로 하겠습니다. 천연가스는 지속가능한 에너지의 미래를 향한 중요한 경제적, 환경적 역할을 한다는 것입니다. 우리는 '가교(bridging)' 또는 '기초(foundational)' 연료와 같은 표현을 사용하지 않습니다. 이러한 표현이 앞서 언급한 에너지 트릴레마에 대한 토론과 이해에 도움이 되지 않는다고 믿기 때문입니다.

전 세계의 에너지 시스템은 매우 다양하며 각각에는 고유한 문제가 있습니다. 이것이 바로 우리가 에너지 트릴레마의 요소를 다루는 방식으로 이러한 시스템을 변환할 때 모든 에너지원이 미래에도 필요할 것이라고 믿는 이유입니다. 우리는 장기적인 목표를 달성하기 위해 에너지 믹스를 변경해야 하며, 가스는 재생에너지와 함께 가장 크게 성장할 것으로 예상합니다.

지난 2018년에 천연가스 공급과 수요는 전년 대비 4.9% 정도로 크게 증가하였고, 국제 천연가스 파이프라인과 LNG 운송도 4.1% 증가하였습니다. 이러한 공급과 수요 증가는 평균 허브 가격이 2.1U$/MMbtu 감소로 이루어졌습니다.

질문: 기존 시장 프레임워크가 천연가스의 역할을 바꾸고 저탄소 경제에 기여하는 것을 가능하게 합니까?

(Do existing market frameworks enable the shifting role of natural gas and its contribution to low-carbon economy?)

서천연가스가 잠재력을 최대한으로 발휘할 수 있도록 하는 정책의 좋은 예가 있으며 이는 우리가 지속가능성을 시급히 해결할 수 있는 방법에 대해 매우 유익합니다.

중국의 '파란하늘 정책(Blue Sky Policy)'은 에너지 믹스에서 천연가스의 수요 증가에 큰 영향을 미쳤습니다. PM2.5, 산화물 등의 대기오염 물질을 저감(低減)하는 등 환경적 특성이 우수한 천연가스의 사용을 대기질 문제 해결을 위한 정책으로 채택하고 있습니다. 또한 영국에서도 석탄 발전을 전력 부문에서 퇴출하는 정책이 시행되고 있습니다.

이러한 큰 변화를 이끌어내고 있는 핵심 정책 수단은 탄소 발생에 대한 적절한 가격 정책입니다. 이것이 천연가스의 기여도를 극대화할 수 있는 두 가지 시장 프레임워크라고 할 수 있습니다.

질문: 수소경제를 위해 가스가 운송과 전력-가스 발전을 위하여 기술

개발이 이루어지고 있는데 이것이 기존 가스 인프라에 어떤 의미가 있습니까?

(Are the developments in gas fuelled transport and power-to-gas sign-posts towards a hydrogen economy and what would this mean for existing gas infrastructure?)

이 질문에는 두 부분이 있으므로 먼저 운송과 관련된 첫 번째 부분부터 설명하겠습니다. 천연가스는 청정연료로서 대형 운송장비와 해운산업의 벙커링 연료로서의 수요가 지속적으로 증가할 것입니다. 해양 부문의 경우, LNG는 최근에 제정된 IMO 2020의 보다 엄격해진 황 배출 기준을 충족하는 에너지원입니다. 대부분의 신조선이 LNG선으로 이동하고 있고, 또한 크루즈 산업은 이미 LNG 에너지로 전환하였습니다.

두 번째로는 천연가스에 대한 기존 인프라 투자는 후회하지 않는 투자(no-regrets investments)라고 할 수 있습니다. 왜냐하면 재생에너지에서 생산된 수소나 합성연료(Synthetic Fuel)의 운송수단으로 활용할 수 있기 때문입니다. 기존의 가스 인프라는 안전에 대한 큰 리스크 없이 약 10%의 수소를 운반할 수 있습니다. 향후 가스 업계의 신규 또는 교체 인프라를 통해서 더 많은 수소를 수송할 수 있는 인프라로 전환하는 것도 현명한 투자라고 생각합니다.

필자의 WEC 참석은 우연히도 중동 국가에서 필자의 인적 네트워크를 확장하는 데 미국 Tulsa대학 석유공학과 교수직 역임(1985. 5~1986. 5) 이력이 큰 역할을 하였다.

WEC 간판 프로그램인 에너지장관 포럼 Chair였던 Adam Sieminski 교수가 옆에 앉은 나에게 OMAN의 석유상인 Al-Rumi,

UAE 에너지 장관 Al Mazronei가 Tulsa대학 졸업생이라고 귀띔하여 주었고 당사자에게도 알려주었다.

이후로 이들과의 관계는 아무런 의전상의 격의 없이 소통하였고 특히 UAE의 12인 국가 평의원(Supreme Council) 멤버인 Mazronei 장관은 만찬장에서 몸소 필자의 자리까지 와서 인사하였고, 2021년 1월 UAE 포럼에도 초청하였다.

이와 같이 국제모임에서는 조그마한 인연도 인간관계가 크게 반전될 수 있다는 것을 몸소 느꼈다. 세계에서 중국 음식점보다 이태리 음식점이 더 많다고 한다. 만찬에서 빠짐없이 제공되는 이태리 음식과 와인에 대한 관심과 상식도 회장직 수행에 적지 않은 도움을 주었다고 자평한다.

국제적 모임에서는 다가가는 자세, 다른 문화에 대한 열린 마음, 상대를 즐겁게 하는 단어 선택 등은 언어 소통 능력 못지않게 필수적으로 닦아야 할 덕목이라고 할 수 있다. 또한 미래에 국제기구에서 지도자로 성장하려면 조력자들의 협력이 절대적이다. 조력자 또는 친구의 개념은 우리나라 문화와는 약간 차이가 있는 것 같다. 우리나라는 개인과 개인의 관계만 돈독하면 좋은 친구가 되지만 서양은 진정한 친구를 만들기 위해서는 가족도 함께 관리해야 된다는 것을 깨달았다. 그래서 나는 회장 재임 기간 동안 두 번 이상 만난 분들은 부인이나 아들, 딸의 안부를 꼭 물었는데, 결과는 아주 효과적이었다.

World LPG Association 총회 (2019.9.27)

LPG는 천연가스와 석유의 중간적 특성 때문에 기후변화가 압도하는 세계적 분위기로 인하여 유럽 회원사들이 주도하는 IGU 내에서는 부정적 기류가 많은 에너지이다. 그러나 인도를 비롯한 저개발 국가에게 LPG는 수송의 용이성, 저렴한 초기 투자비용으로 인하여 깨끗한 주방용 에너지원으로 대두되고 있는 상황이다.

LPG 공급시장에서 미국의 셰일가스 붐 이전에는 유일한 LPG 수출국가인 사우디아라비아와 셰일가스 붐 이후 거의 대등한 양을 수출하는 미국이 양대 공급국으로 등장한다. 한국의 SKgas와 E1이 세계 공급량의 약 15%를 장악하는 국면에서 나로서는 LPG 협회와의 협업이 매우 중요하다고 판단되었다.

또한 천연가스 망(網) 건설은 엄청난 초기 투자비용과 운영 조건 때문에 GDP 15천U$ 이하의 국가들에는 요원한 꿈같은 사업이다. 그러나 최근 소형 LNG 기술, FSRU 등의 기술 발전으로 경제적 한계치인 연간 300만 톤 LNG 생산에 미달하더라도 가스기간망 사업을 시작할 수 있게 되었다.

그 대표적인 사례가 파나마와 방글라데시다. 에너지 빈곤의 주제를 3대 특별과제로 선정한 한국 회장으로서 LPG가 저개발국에게는 가장 효과적이고 수용 가능하며 깨끗한 주방용 에너지원임을 공유하기 때문에 전략적 파트너로서 협업하였다.

LPG 협회 사무총장인 James Rockall은 이번 행사 참여 후 가까운 지인이 되어 WGC2022 행사에 주요 인사 초청에 기꺼이 승낙하고 기조연설자(Plenary Speaker) 구성에 도움을 주었다. 이번 연설에서는 천연가스와 LPG의 협력과 상생의 필요성과 이 두 에너지는 탄소 기반 에너지 중에서 가장 깨끗한 에너지이고 탄소 중립 여정에서도 많은 기회가 있음을 강조하였다. 또한 LPG 산업은 에너지 빈곤에 처한 국가나 사회에 큰 도움이 될 수 있음을 설명하였다.

WLPGA(World LPG Association, 세계LPG협회)는 1987년

LPG2019 총회 기조연설

에 설립된 전 세계 LPG 산업을 대표하는 유일한 글로벌 기구이다. WLPGA에는 125개 이상의 국가에서 운영되는 300개 이상의 민간 또는 공기업들이 회원사로 참여하고 있다.

LPG2019 기조연설문

전 세계 의제에서 가장 중심에 있는 에너지 전환이라는 중요한 주제를 여기서 논의하게 된 것을 기쁘게 생각합니다.

현재의 에너지 전환 속도와 이전 에너지 전환과의 비교에 대한 논쟁이 있더라도 한 가지는 분명하다고 생각합니다. 에너지 전환 그 자체가 대중매체와 커뮤니케이션 플랫폼 전반에 걸쳐 전 세계의 주목을 받고 있고 정부의 많은 의제에서 두드러지게 제시되고 있습니다.

때로는 관심이 항상 가스 산업에 대해 긍정적인 것은 아니지만, 그것을 나쁘게 생각하지는 않습니다. 산업의 자체 커뮤니케이션과 참여를 강화하는 것이 중요해지고 이렇게 초대를 받아서 같이 문제를 논의하는 것이 의미가 있습니다.

또한 천연가스와 프로판에 대해 서로 다른 견해가 있다는 것을 알고 있지만, 우리는 경쟁자이자 또한 협력 파트너라고 생각합니다. 그리고 또한 어떤 국가와 부문에서는 우리가 하나이거나 다른 하나 또는 둘이라고 생각합니다. 그러나 우리가 부인할 수 없는 것은 천연가스와 프로판이 모두 탄소 기반 연료이지만, 가장 깨끗한 탄소 연료라고 말할 수 있습니다. 이것이 우리가 서로를 조율하고 지원할 수 있는 것입니다.

천연가스와 프로판의 관계를 기회로 보는데 그 이유는 분명합니다. 두 에너지원에 대한 혁신과 기술개발에 더 많은 자금지원에 대한 정책 개발과 홍보를 할 수 있기 때문입니다. 가스 산업에 대한 인식을 변화시키고 가스 산업이 현대적이고 혁신적이며 청정기술 분야에서도 조기에 활약할 수 있음을 보여줄 때입니다.

우리는 지속가능성을 중요하게 생각하고 또한 가스 산업은 지속가능한 에너지 미래에 대한 기술과 혁신이 중요합니다.

천연가스와 프로판 산업이 에너지 트릴레마(Energy Trilemma)를 해결하는 데 중심이 될 것입니다.

오늘 논의의 중심은 이러한 과정에서 천연가스가 역할을 해야 하지만, LPG도 역시 역할을 해야 함을 의미합니다. 공해를 많이 발생시키는 연료에서 천연가스로 전환하기 위한 훌륭한 수단으로서 LPG의 가치가 있고 또한 가스 기반 시설과 응용제품들의 개발이 진행되고 있습니다.

천연가스는 지속가능한 에너지 미래로 가는 가장 경제적이고 직접적인 경로이며, 단순한 가교 에너지(Bridge Energy)가 아니라 중요한 에너지로서 장기적으로 경제와 환경에 기여할 수 있다고 믿습니다.

전 세계적으로 에너지 수요와 기회에 큰 차이가 있습니다. 예를 들어 유럽과 북미 시장에서 가스의 역할은 아세안 또는 아프리카 지역과는 매우 다를 것입니다. 선진국의 성숙한 시장에서 가스는 빠르게 시장에 진입할 수 있습니다. 이는 기존의 광범위한 천연가스 기반 시설을 활용하고 석탄과 같은 고탄소 연료를 사용하지 않음으로써 이산화탄소 배출량을 줄일 수 있는 가시적이고 즉각적인 경로입니다. 천연가스는 매우 저렴한 비용으로 많은 양의 에너지를 저장할 수 있는 에너지라고 할 수 있습니다.

반면에 개발도상국을 보면 상황은 완전히 다릅니다. 남아시아의 석탄 발전소의 평균 수명은 15년 미만인 반면 유럽은 40년입니다.

다시 말해 남아시아 국가들은 아직 새롭고 빠르게 성장하는 석탄 발전소를 보유하고 있습니다. 동시에 이 지역의 천연가스 보급률은 세계 평균에 비해 매우 낮으며 가스가 제공하는 기회를 활용하려면 기반 시설 투자가 더 필요한 상태입니다.

2015년에 체결한 파리협정을 준수하고 지구 온도 상승을 억제하기 위해 대기질을 정화하고 온실가스 배출을 줄이는 동시에 이 지역의 경제 발전을 촉진할 수 있는 기회가 있습니다.

전 세계적으로 아직 에너지 기반 시설이 취약하고 또한 여전히 심각한 에너지 빈곤에 시달리고 있는 사람들이 많습니다.

이것이 바로 LPG 산업을 통해서 인프라를 구축하는 동안에 에너지 빈곤에 처한 사회를 도울 수 있습니다.

INGAS2019 총회 (2019.10.17)

터키(Turkey)는 가스 소비량과 가스 산업 잠재력 측면에서 당연히 집행위원회의 일원으로 참여하여 IGU의 핵심 회원으로 활동하는 것이 당연하지만, 현실은 그렇지 않았다.

국제기구에서 지도층 구성은 관련 산업의 경쟁력보다는 국력 또는 영어 소통능력으로 결정되는 것 같았다.

최근에는 Turkey를 한국어 발음의 터키에서 그 나라의 발음인 튀르키에(뒤르키예어: Türkiye)라고 수정되었다는 것은 Turkey 국가의 위상이 향상되고 있다는 반증이라고 생각한다.

나는 IGU 회장으로 활동 중에 Turkey는 우리나라 6.25 전쟁 참여국가이고 언어와 문화가 우리나라와 비슷하고 몽고반점을 갖고 있어 호감을 가지고 있었다. 참고로 Belgium은 Turkey의 반대 경우인데 아마도 EU의 수도가 Belgium에 위치하고 있어서 집행위원 국가로 선출되었던 것 같다.

IGU 회장의 주요 업무 중 하나는 회원국 봉사의 일환으로 회원국의 에너지·가스 관련 국가 행사에 참여하는 것이다. 2019년 10월 터키가스협회가 주최한 Turky 이스탄불에서 개최된 International Natural Gas Conference & Fair 2019 (INGAS2019)에 Keynote speaker로 초청받아서 주저 없이 승낙하였다.

이번 발표에서 필자는 "미래에는 GDP 성장과 에너지 소비 성장이 분리되는(decoupling) 추세가 나타나므로 가스 산업에서도 효율성 개선과 원가절감 방안의 지속적인 모색과 메탄 배출 분야에서 환경 발자국에 적극적으로 대응해야 한다."고 설명하였다.

이번 INGAS2019 총회에서는 현 대통령인 에르도안(Erdogan)이 시원한 상력한 여당 후보를 꺾고 이스탄불 시장으로 당선되어 Turkey의 정치 신데렐라로 막 등장한 Kerem Imamoglu 시장과 행사장에서 나눈 환담이 나에게 좋은 추억이었고, 이 분이 장차 현직 대통령인 에르도안을 이을 수 있는 정치 거물임을 느낄 수 있었다.

INGAS2019 회의

또한 Turkey와 관련하여 특기할 점은 당시 매년 800만 달러 이상의 무역적자를 내면서도 국가부도를 내지 않고 잘 버티고 있다는 사실이다. 아마도 지정학적으로 러시아, 미국, 중동의 틈새 외교 전략이 국가 생존전략인 것 같다.

INGAS2019 기조연설문

안녕하십니까, 신사숙녀 여러분 그리고 구나이딘 비잔티움의 중심이자 가스 허브라고 불리는 동서의 중요한 다리 역할을 했던 아름다운 도시 이스탄불의 오늘 이 자리에서 기조연설을 하게 된 것을 영광으로 생각합니다.

시작하기 전에 IGU의 정회원인 Botas(Bot-gash로 발음)와 프리미엄 준회원 IGDAS(Istanbul Gas Distribution Company)에 감사드립니다.

저는 오늘 가스에 대한 글로벌 전망을 제시해 달라는 요청을 받았으며,

INGAS2019 행사 후 이스탄불 시장(오른쪽)과 함께

가스의 대변자로서 우리의 관점으로 공정한 글로벌 전망을 도출할 수 있도록 해 보겠습니다.

지금은 가스 수요가 꾸준히 유지되고, 가격 경쟁력이 더욱 높아지고, 글로벌 무역이 확대되고, 전 세계적으로는 건전한 성장궤도에 따라 기반 시설 투자가 이루어지고 있어서 가스 산업에 있어서는 흥미로운 시기입니다.

그러나 그것은 또한 우리에게 중요한 도전의 시간이기도 합니다. 문제는 업계가 이러한 성장을 행동으로 활용하여 미래가 밝게 보이도록 할 수 있는지 여부입니다.

우리 가스업계는 세계가 충족하도록 도와야 하는 에너지 트릴레마가 있습니다. 이를 위해서 우리는 천연가스가 경제적으로나 환경적으로 지속가능한 에너지 미래의 필수 구성요소라는 것을 계속해서 보여주어야 합니다.

우리는 가스가 개발도상국의 성장을 촉진하는 동시에 재생에너지 또는 기타 청정 기술 솔루션과 함께 선진국에 안전하고 신뢰할 수 있는 에너지를 계속 제공할 수 있는 방법을 보여주어야 합니다. 그리고 우리는 그것을 하나의 목소리로 세상에 전달해야 합니다.

세계 인구의 거의 50%가 하루 미화 5.50달러 미만으로 생활하고 있으며 이들 대부분이 현대적 에너지나 깨끗한 요리에 접근할 수 없다는 것은 정말 놀랍고 용납할 수 없는 일입니다.

따라서 가장 큰 과제는 어떻게 더 많은 사람들에게 더 많은 에너지를 공급하는 동시에 우리가 사용하는 에너지의 배출 집약도를 줄이는 동시에 경제성장과 삶의 질 향상을 지원하기 위해 에너지를 감당할 수 있는 수준으로 유지하는 것입니다. 우리는 천연 가스가 이 도전에 중대하고 긍정적인 영향을 주기에 매우 적합하다고 믿습니다.

경제를 성장시키기 위해서는 에너지가 필요합니다. GDP가 성장함에 따라 에너지 수요도 증가하는 것을 볼 수 있습니다. 또한 시간이 지남에 따라 GDP 대비 에너지 수요가 수렴되고 있음을 알 수 있습니다.

다시 말해 초기에는 에너지 수요가 GDP 성장률을 초과했지만, 지금은 에너지 소비 성장률이 GDP 성장률과 일치합니다. 미래에는 GDP 성장과 에너지 수요의 성장률이 분리될 것(decoupling)으로 예상됩니다. GDP는 에너지 수요 증가율보다 더 높은 비율로 성장할 것입니다. 그 주된 이유는 에너지 효율성, 더 적은 에너지 사용으로 더 많은 산출물을 얻을 수 있고, 주요 경제가 산업화된 경제에서 제품 당 훨씬 적은 에너지를 필요로 하는 서비스 경제로 전환하기 때문입니다.

전력수요와 관련하여 다음과 같이 예상하고 있습니다. 인구가 증가함에 따라 1인당 전력 소비도 증가할 것이며, 이는 저소득층과 현재 전기에 접근할 수 없는 사람들이 미래에 더 많이 접근할 수 있음을 반영하지만, OECD 국가의 경우 전력 수요가 증가하더라도 과거보다 더 낮은 속도로 전력 수요가 증가할 것으로 예상됩니다..

마지막으로 아래 그래프는 예상되는 에너지원이 어디에서 올 것인지 보여줍니다. 보시다시피 가장 빠르게 성장할 것으로 예상되는 두 가지 에너지원은 재생에너지와 천연가스이며, 천연가스는 화석 연료 중 가장 깨끗한 것입니다.

가스업계에 대한 글로벌 관점을 설명해 보겠습니다. 지난 며칠간 우리는 업계의 주요 동향, 도전 과제, 기회와 전망을 다룬 Global Gas Report 2019 Edition을 발행했습니다. 이 슬라이드는 2018년을 요약해서 보여주고 있습니다. 한 마디로 2018년은 한 지역을 제외한 모든 지역에서 천연가스에 대한 매우 강력한 공급과 수요를 나타내고 있습니다.

미국과 중국은 재생에너지의 성장을 능가하는 천연가스 수요의 성장을 주도하고 있습니다. 천연가스는 모든 증가된 에너지 공급의 약 45%를 차지했습니다. 그리고 그 이유의 대부분은 평균 가스 가격이 MMbtu당 2달러 이상으로 크게 감소했기 때문입니다.

국제 파이프라인과 LNG 무역은 4% 이상 증가했으며 가스 수입과 수출 용량이 매년 140BCM 이상 증가했습니다.

가스 트레이딩과 수요의 성장은 2019년에도 계속되었으며 이러한 성장에도 불구하고 가스의 풍부한 공급으로 인해 허브 가격은 오랫동안 낮게 유지되었습니다. 또한 연중 몇 차례 유럽 허브 가격이 아시아 현물 가격보다 높은 상황에서도 가스가격의 수렴 현상이 발생했다는 점입니다.

이 모든 것이 소비자에게 좋지만 생산자에게는 우려일 수 있습니다. 가스 인프라 프로젝트가 잘 진행되고 있으며 이에 대해서는 저보다 여러분이 더 잘 알고 있습니다. 그리고 터키와 주변에서 새롭게 가스 공급을 확보하는 매우 중요한 터키 스트림 파이프라인(Turkish Stream pipeline)이 거의 완성 단계에 있습니다.

우리는 가스 산업의 성장 전망과 낙관에도 불구하고 안주할 수 없습니다. 제 생각에 지금은 그 어느 때보다 많은 분야에 집중해야 합니다.

먼저, 가스업계는 원가 경쟁력을 뒷받침할 수 있는 효율성과 원가절감 방안을 지속적으로 모색해야 합니다. 또한 특히 메탄 배출 분야에서 환경 발자국을 개선해야 합니다.

우리는 또한 파이프라인과 LNG 터미널, 그리고 매우 중요한 저장 장치 개발에 대한 기반 시설에 계속 투자해야 합니다.

그리고 효율성을 높이고 비용을 줄이며 가스 업계의 환경 발자국을 줄이기 위해서는 기술과 혁신에 대한 투자를 계속하고 강화해야 한다고 굳게 믿습니다.

마지막으로, IGU는 관련 정책 홍보를 계속 강화하고 정책 입안자와 정부에 가스가 지속가능한 에너지 미래에 필수적인 에너지임을 계속 홍보하도록 하겠습니다.

감사합니다.

COP25 회의 (2019.12.2)

COP(Conference of the Parties)는 유엔 기후변화협약의 최고 의사결정기구인 당사국총회로서 1995년부터 매년 1회 개최하고 있다. 이 회의에서는 기후변화 관련 소속 당사국이 모여 협약의 이행을 정기적으로 검토하고 협약의 효과적 이행 촉진에 필요한 제도적, 행정적 결정을 내린다.

2015년 11월 30일부터 프랑스 파리에서 열린 COP21에서는 2020년 이후의 신(新)기후체제 수립을 위한 최종 합의문인 '파리협정(Paris Agreement)'을 채택했다. 신(新)기후체제는 2020년 만료 예정인 교토의정서(Kyoto Protocol)를 대체하고, 2020년 이후의 기후변화 대응을 담은 국제협약이다.

파리협정은 선진국만 온실가스 감축 의무가 있었던 1997년에 체결한 교토의정서와는 달리 196개 당사국 모두에게 구속력 있는 보편적인 첫 기후합의라는 점에서 역사적인 의미를 지닌다.

파리협정은 기후변화의 위협에 대한 전 지구적 대응을 강화하는 것이 목적이며, 이를 위해 △지구 평균기온 상승 억제(2℃ 이하)를 위한 온실가스 배출 감축 △기후변화 적응능력 강화 △저탄소 경제를 위한 재원 확대 등 구체적 하위 목표를 제시하고 있다. COP25는 2019년에 스페인 마드리드에서 각국의 정치인들과 기후 외교관들이 모여 세계 기후위기를 막기 위한 대책을 논의하였다.

세계 각 나라의 대통령, 장관 등의 최고 정책 결정자가 참여하는 COP 행사와 G20은 IGU가 적극적으로 함께 하려는 행사이다. Covid19 직전에 개최된 COP25는 칠레 정부의 전력 가격 인상에 의한 정치적·사회적 소요사태로 남미의 정신적 아버지인 스페인과 우여곡절 끝에 공동 주관으로 개최하게 되었다.

개최 장소와 개최 시간의 불확실성으로 주최국과 참가국 모두 가장 준비가 안 된 행사였다.

IGU도 수없이 변하는 소문을 쫓다가 모든 준비 시간을 낭비하였다. 그러나 공식적인 불참 통보는 사무국이 스페인에 있는 관계로 하지 않았고, 체면만 유지하자는 전략에 따라 스페인 가스연맹을 활용하였다. 스페인 가스연맹도 회장 교체기라서 IGU의 명목으로 참여한 행사 중 가장 성과 없는 행사였다고 인정할 수밖에 없다.

IGU 행사에서 COP25의 지속가능한 에너지 미래에서 특히 수송 분야에 대한 가스의 청정성과 확장성을 주제로 토론하였다.

COP25 Global Gas Update 연설문

가장 중요한 지구 기후 이벤트의 첫 날인 오늘 이 자리에 함께 해주셔서 감사합니다. 또한 오늘 발표할 수 있도록 해주신 한국관 관계자에게도 깊은 감사를 드립니다.

지속가능한 에너지 미래에서 청정 운송을 가능하게 하는 가스의 역할에 대한 이 중요한 세션에 오신 것을 환영합니다.

실제로 운송 부문을 건드리지 않고 기후 변화 또는 지속가능한 개발에 대해 논의할 수 없습니다. 점점 더 세계화가 진행되고 이동성과 속

COP25 연설과 토론

도에 대한 요구가 증가함에 따라 운송은 현대사회에서 중요한 역할을 하고 있습니다.

세계화의 속도는 매우 빠릅니다. 빈번한 항공 여행, 장거리 화물수송의 성장, 더 많은 지역과의 일상 이동이 이루어지고 있습니다. 사람과 상품은 그 어느 때보다 이동성이 높습니다.

이는 무역과 혁신에 도움이 되기 때문에 경제에 유용하고, 서로에 대한 이해를 향상시키기 때문에 우리 사회에는 더 좋지만, 환경에는 큰 도전 과제가 되고 있습니다.

운송 부문에서 전 세계 에너지 관련 CO_2 배출량의 거의 4분의 1을 배출하고 있으며, 2010년부터 2015년 사이에 배출량은 매년 2.5% 증가했습니다. 세계적으로 증가하는 이동성에 대한 수요를 충족시키는 데 있어 또 다른 문제는 대기오염입니다. 경유, 휘발유, 중유를 포함한 연료는 여전히 운송에서 주로 사용되고 있으며, 유해한 미립

자를 방출하여 전 세계적으로 대기질 문제를 일으키고 있습니다.

운송 부문뿐만 아니라 석탄을 주로 사용하는 발전과 산업에서 발생하는 대기오염은 매년 700만 명을 사망에 이르게 하며 이는 건강에 가장 큰 환경적 문제가 되고 있습니다. 따라서 운송 부문에 대한 연료 전환을 해결하지 않고는 파리협정 목표와 지속가능한 개발 목표를 달성하기는 요원하다고 할 수 있습니다.

이를 고려한 새로운 정책이 활성화되고, 이 부문을 보다 지속가능한 경로로 이끌 것으로 기대합니다. 정책은 올바르게 수행될 때 효과적입니다. 특히 선진국에서 온실가스(GHG)와 대기오염의 감소 측면에서 개선된 연료 효율성 표준에 의해 많은 성과를 이루었습니다. 하지만 세계는 아직 동질적인 장소가 아니며 위치에 따라 과제와 솔루션에서 차이가 있습니다.

실제로 정책이 취할 수 있는 방향은 다양하며, 다양한 기술 선택이 가능합니다. 예를 들면, 2016년에는 국제 항공에서 CO2 배출을 완화하기 위한 글로벌 시장 기반 조치가 도입되었습니다(ICAO, 2016). 국제항공을 위한 탄소 상쇄와 감소 계획(Carbon Offsetting and Reduction Scheme for International Aviation, CORSIA)은 2020년까지 국제 항공 산업에서 발생하는 CO2 배출량 증가를 감소시키는 것을 목표로 하고 있습니다.

또한 국제해양기구(IMO)는 해양 연료에 대한 글로벌 유황 상한선을 0.5%로 설정하였고, 2020년 내 곧 발효될 예정입니다. IMO는 또한 국제운송에 대한 온실가스 발자국을 줄이기 위한 전략을 실행할 계획입니다. 그리고 해양 부문이 올해 COP 행사의 초점이기 때문에 해상운송에 미치는 영향과 연료 선택에 대한 논의가 어떻게 발전하는

지 살펴보는 것이 의미 있을 것입니다.

천연가스는 이러한 목적을 달성하는 데 도움이 되는 훌륭한 기술 옵션을 제공하지만 유일한 선택지는 아닙니다. 다만 여기에서 천연가스가 크게 공헌할 수 있는 영역과 그 이유가 있음을 설명하고자 합니다.

그래서 오늘 토론에서는, 모빌리티 측면에서 가스의 역할과 가스가 장기적으로 기후와 지속가능한 개발 목표에 기여할 수 있는 방법에 대한 전문가 패널의 의견을 듣고자 합니다.

- 여객, 화물, 버스, 철도 및 수상 운송에서 NGV(Natural Gas Vehicle) 연료의 전반적인 개발 동향
- 천연가스가 자동차 연료의 주요 연료가 되기 위한 과제
- 대중교통에서 NGV를 활성화하기 위한 주요 정책적 교훈
- 자동차 제조업체에서 가스 연료 기반 승용차와 버스의 생산을 가로막는 요인
- 최종 사용자에게 휘발유 차량의 매력을 높이는 방법
- LNG가 해운부문의 장기적인 IMO 요구 사항을 충족하면서 새로운 투자 또는 연료 전환에 있어서의 사업기회

OMAN Muscat IGRC 2020 (2020.2.24)

IGU 주관 3대 행사 중에서 IGRC(IGU Research Conference)는 주최국 의지에 따라 행사 규모와 성격이 결정되지만 원칙적으로 가스 관련 기술에 관한 개발과 연구 결과의 발표에 중점을 두고 있다.

IGRC는 IGU가 다른 국제 가스 관련 협회와 차별성을 확연히 나타내는 행사이다. WGC는 세계가스올림픽으로 모든 분야, 다시 말해

정책, 금융, 기술 등을 다 아울러서 다른 가스 기관이 주최하는 행사와 규모 면에서는 차이가 있지만 포괄적 행사다.

IGRC2020은 원래 1997년 이란이 주최국으로 선정되었지만, 미국의 경제제재로 주최가 불가능해짐에 따라 해결책으로 당시 선정 경쟁에서 2위였던 OMAN에서 개최하기로 총회에서 결정하였다. 이란은 순연해서 2023년에 개최하는 것으로 결정되었지만 미국의 지속적인 경제제재로 다시 2026년으로 유보되었고, 2023년은 캐나다 뱅쿠버(Vancouver)에서 개최될 예정이다.

OMAN은 인구가 530만 명 수준으로 LNG 수출이 국가 재정의 80% 이상을 차지하며, 미국 달러보다 화폐 단위($: 레알, 1:2.5)가 몇 배로 작은 세계에서 흔치 않은 나라 중 하나이다. 필자의 OMAN에 체류 중 레알 가치 착각에 의한 흥미로운 일화를 소개하면 호텔 식당 메뉴에 숫자만 기재된 가격을 보고 햄버거를 주문했는데 계산할 때 기분은 금송아지 가격의 햄버거를 먹은 느낌이었다.

순수 오만인은 OMAN 인구의 반 정도인데 그들에게는 결혼할 때 주택 제공, 건강검진을 위한 세계여행 경비 지원 등 국가에서 상상할 수 없는 정도의 지원을 하고 있었다. 천연가스 수출로 확보한 자금을 국민과 함께 한다는 지도자의 정책으로 왕정을 아직까지 지탱하고 있는 것을 목격하였다.

OMAN은 전통적으로 친영 국가이고 국가 규모에 비하여 아프리카에 식민지를 다수 갖고 있는데, 그 이유는 Silk Road의 종착지가 OMAN의 수도인 Muscat이고 노예시장의 본거지였다는 역사적 사실이 충격적이었다.

한편 OMAN의 LNG 연간 생산량 600만 톤 중 450만 톤을 세계 LNG 계약에서 Qatar와 함께 어떤 면에서는 가장 비싼 가격으로 한국가스공사가 구매계약을 체결했다는 슬픈 기록도 있어서 어떤 면에서는 OMAN의 경제는 지난 20년 동안 한국이 뒷받침하였던 셈이다.

한국에 대한 정서는 굉장히 우호적이라고 주재 대사가 전해주었다. 나는 IGU 회장으로 이란 IGRC2020 변경 논의를 할 때 적극적으로 OMAN을 교체국가로 지지하여 OMAN 가스협회와는 좋은 관계를 만들었다.

당시 OMAN 내각의 가장 중요한 석유에너지 장관인 Runi는 Tulsa대학에서 학사와 박사학위까지 취득한 졸업생으로 필자와는 교수와 졸업생의 인연으로 전해들은 IGRC 행사 주관사인 OMAN LNG CEO인 Harib Al Kitani는 필자를 각별히 배려해 주었다.

예를 들자면, 필자의 일행은 물론 WGC2022 NOC 위원장과 수행원들이 Dubai에서 Covid19 방역정책이 시시각각으로 변경되는 시점에 예외적으로 입국을 허가해 주었다. 그런데 OMAN 방문을 마지막으로 1년 반 동안 나의 IGU회장으로서의 대면 대외 활동은 휴면기가 되어 버렸다.

이번 IGRC 회의에서는 재생 가능, 합성 및 수소의 가스, CCS 및 CCUS 기술 등의 기술혁신과 원가 개선을 위한 연구개발 노력의 중요성을 강조하였다.

IGRC2020 연설문

마르하반(안녕하세요).

좋은 아침입니다.

신사 숙녀 여러분, Mr Al Kitani, Mr Al Massan, Yakabe 박사님, 친

OMAN 석유장관 Runi(오른쪽)와 함께

IGRC2020 연기 차 방문한 이란 대표단과 함께

애하는 대표단 여러분, IGRC2020에 오신 것을 진심으로 환영합니다.

먼저 IGRC2020을 주최하고 오만 술탄국의 가장 장엄한 Muscat에서 따뜻한 환대를 보내주신 주최 측 OMAN LNG에 감사드립니다. Muscat는 많은 IGU 행사를 주최한 도시이며, 멋진 풍경, 훌륭한 음식, 따뜻하고 멋진 사람들을 탐험하는 시간을 가지시기 바랍니다.

그리고 여러분 모두가 시기직질하고 흥미롭고 유익한 프로그램에 참여할 수 있을 것이라고 확신하며, 프로그램을 개발하기 위해 주최 측과 함께 일한 IGU R&D 및 혁신위원회에도 큰 감사를 드립니다.

특히 무엇보다 어려운 시기와 조건 속에서 이번 주에 우리와 함께 여기까지 와주신 대표단 여러분께 감사드립니다.

저는 IGU 회장으로서 함께 배우고, 참여하기 위해 여기까지 오신 여러분의 가스업계에 대한 헌신과 전문성 개발에 대해 진심어린 감사를 표합니다.

이번 행사의 주최 측에서도 유감스럽고 불행한 상황에도 불구하고 훌륭한 컨퍼런스를 개최하고자 하는 열망이 결코 흔들리지 않았습니다. 친애하는 Mr. Al Kitani & Mr. Al Massan, 이 행사에 대한 큰 헌신과 노고에 감사드립니다. 많은 장애물과 어려움이 있었음에도 불구하고 이를 극복하고 이 행사를 주관해 주셔서 감사합니다.

지금의 큰 이슈 중 하나는 Covid19의 발생과 함께 중국이 매우 우려되고 심각한 상황입니다. 우리 업계의 특징인 안전관리에도 불구하고 많은 토론에 참석하거나 기여하기를 고대하고 있는 중국 동료들은 아직 집에 머물러 있습니다. 이 어려운 시기에 우리의 생각과 기도가 그들과 함께 하기를 기원합니다. 또한 다음과 같은 건강 및 안전 프로토콜을 준수하여 주시기 바랍니다.

- 악수 인사 금지
- 전자 명함 교환
- 손 자주 씻기

올해의 회의는 가스 산업에 있어 매우 중요한 시점에 열리고 있습니다. 여러분이 해야 할 일은 전 세계 어디에서나 신문을 고르는 것뿐입니다. 그러면 에너지 전환, 기후변화 완화 및 화석 연료의 미래에 대한 끊임없는 이슈와 논쟁이 있음을 알게 될 것입니다.

2018년, 가스 산업은 전 세계적으로 가스 소비가 증가하면서 활발하고 밝은 미래를 보여 주었습니다. 2018년에 세계 가스시장은 4.9%의 소비 성장을 경험했습니다. 2010년 이후 가장 빠른 연간 증가 추세였습니다. 그리고 그 추세는 2019년에도 계속되었습니다.

IEA의 사무총장인 Fatih Birol 박사는 "천연가스는 발전, 난방 및 산업 부문에서 석탄과 석유를 대체함으로써 대기오염을 줄이고 에너지 관련 CO2 배출량 증가를 줄이는 데 도움이 되었습니다. 천연가스는 더 깨끗한 글로벌 에너지 시스템에 기여할 수 있습니다. 그러나 신흥시장에서 가격 경쟁력을 유지하고 천연가스 공급망에서 메탄 배출량을 줄여야 하는 문제에 직면해 있습니다."라고 글로벌 에너지 시스템에서 천연가스의 기여에 대하여 언급한 바 있습니다.

단기적으로 이러한 성장은 급격한 생산량의 증가와 다른 에너지 자원에 비해 가스에 대한 더 쉬운 접근성으로 인하여 가능했습니다. 이는 주로 LNG를 기반으로 하는 가스 공급 인프라 확장으로 이루어졌습니다.

이제 가스 산업을 둘러싼 환경은 기후변화와 에너지 전환 옹호자들이 다른 화석연료와 동일한 잣대를 천연가스에도 요구함에 따라 도전에 직면해 있습니다.

예를 들어, 이번 겨울 미국과 아시아는 기록상 가장 따뜻한 겨울을 보내고 있으며 유럽은 두 번째로 따뜻한 겨울을 보내고 있습니다. 난방도일(heating degree days)로 알려진 난방수요의 주요 척도는 미국이 10년 평균보다 12% 낮고 유럽은 13%, 아시아는 14% 낮습니다. 이는 중국의 도전과 함께 글로벌 가스 가격, 특히 LNG 현물 가격의 붕괴로 이어졌습니다.

그러나 이러한 시점에 가스 산업은 에너지 보급이 부족한 지역으로 시장을 확장하고 비용 경쟁력을 유지하는 방법을 모색하기 위한 기술 및 혁신에 대한 노력을 더욱 강화할 수 있는 기회입니다. 이러한 현상은 단지 주기적인 일시적 상황이라는 사실에 안도하고 있습니다.

그러나 의심할 여지없이 우리 가스업계의 미래는 혁신과 R&D를 얼마나 잘 수용하느냐에 따라 결정될 것입니다. 다시 말하자면 지속가능한 산업으로 살아남으려면 계속 혁신해야 합니다.

지속가능한 에너지 미래 달성에 최대한 기여할 수 있도록 하기 위해 우리는 제품의 탄소 집약도를 줄이는 데 많은 중점을 두어야 합니다.

우리는 공정상의 환경 발자국을 줄이기 위해 계속 혁신해야 합니다. 여기에서 더 나은 메탄 누출을 측정하고, 문서화하고 감소하는 것보다 더 시급하고 중요한 문제는 없습니다.

우리는 가정용 열, 산업용, 운송 및 전기를 생성하는 연료를 포함한 모든 제품의 응용 분야에서 더 높은 수준의 효율성을 추구하는 데 계속 집중해야 합니다.

우리는 우리 산업의 미래에 중요한 기술, 다시 말해 재생 가능, 합성 및 수소의 가스, CCS 및 CCUS 기술의 단가를 줄이기 위해 혁신해야 합니다.

우리 앞에 놓인 과제는 분명합니다. 가스업계 전문가로 이번 행사에 참여하여 토론하는 것이 이러한 믿음을 높일 것입니다.

다시 한 번 이 자리에 참석해 주셔서 감사드리며 많은 발표와 포스터 세션 동안 참여하고, 배우고, 도전하고, 토론할 수 있는 기회를 갖기를 부탁드립니다.

슈크란(Thank you)

35차 국제가스전문가 회의 (Croatian Gas Association) (2020.10.21)

2020년 10월 21일부터 23일까지 크로아티아 가스협회(HSUP)와 크로아티아 가스센터(CPH)가 주최한 제35회 국제가스전문가회의

가 2020년 10월 21일부터 23일까지 열렸다.

가상 환경에서 개최된 최초의 가스 관련 회의이자 크로아티아 공화국에서 동시통역으로 진행된 최초의 가상 국제과학과 전문가 회의 및 전시회로 기억된다. 크로아티아 가스협회(Croatian Gas Association, CGA)는 크로아티아 가스 산업의 발전을 장려하기 위해 자그레브에서 1993년에 설립되었다.

제35차 국제 가스전문가 국제과학과 전문가회의는 크로아티아 정부의 지대한 관심과 성대한 후원 아래 개최되었다. 총 9개의 원탁회의가 개최되었으며, 서로 소통할 수 있는 가상 전시회에는 총 13개 회사가 참여하였다.

개막식에서 정부 인사의 환영사에 이어 첫 번째 초청 연사로 IGU를 대표하여 세계와 유럽에서의 천연가스의 중요성에 대해 강연하였다. 주요 내용은 아래와 같지만 Covid19의 장기화가 세계 가스 산업과 에너지 믹스에 미치는 영향이 주제였다. 주최 측으로부터 시기적절한 주제 선정에 대한 감사의 뜻을 전해 받았다.

국제가스전문가회의 연설문

오늘 세계와 유럽에서 가스의 역할에 대한 제 생각을 여러분과 공유하게 되어 기쁘게 생각합니다.

회원사들이 글로벌 가스 산업 가치 사슬의 95%를 차지하는 IGU 회장으로서 가스가 매우 중요하다는 것을 확신합니다. 가스는 에너지 전환을 지속가능하고 효과적이고 저렴하게 제공하면서 이번 위기 이후 더 나은 재건의 열쇠가 될 가장 유연한 에너지원입니다.

물론 세계는 다양한 지역으로 이루어져 있어서 지역마다 매우 다른 에너지 환경이 있습니다. 따라서 유럽과 같은 선진국 시장, 아시아와 같은 개발도상국, 또는 아프리카와 같이 가스 에너지가 덜 공급된 지역에서의 가스 역할은 다를 수 있지만, 중요성은 같습니다.

저는 이 세 지역 모두에서의 가스 산업에 대하여 설명하고자 합니다. 선진 시장은 이미 선진 인프라가 설치되어 있어 가스에 대한 접근성은 일반적으로 매우 높습니다. 최근 시장 유연성의 확대, 천연가스 신규 공급과 저가 환경은 유럽과 북미에서 더 깨끗하고 안전한 천연가스로의 에너지 전환이 이루어지고 있습니다. 이러한 에너지 전환은 이미 CO2 배출량을 크게 줄이고 대기질을 크게 개선하고 있습니다. 이것이 가스의 핵심 역할이며 이러한 시장에서 환경과 사회적 가치의 원천이라고 하겠습니다.

석탄에서 가스로 연료 전환하는 경우 탄소 배출량을 절반으로 줄이고 또한 대기오염을 감소시킬 수 있는 단기적인 효과가 있습니다.

이러한 가스의 장점은 현실적이고, 즉각적이며 기후변화 완화 목표와도 일치합니다.

미국과 영국은 석탄 발전을 대체하는 가스와 재생에너지 덕분에 훌륭하게 에너지 전환을 하고 있습니다. 영국의 전력 부문의 탄소 배출량은 최근 몇 년 동안 지속적으로 감소하고 있으며 2019년에는 전년 대비 13% 감소했습니다. 이는 주로 석탄에서 가스로 전환한 것에 기인하고 있습니다. 또한 2005년과 2019년 사이에 미국의 총 전력 생산량은 거의 2% 증가했지만 관련 CO2 배출량은 33% 감소했습니다.

이러한 가스로의 연료 전환은 경제적으로도 효과가 있습니다. 우리가 Boston Consulting Group과 함께 발행한 최근 보고서에 따르면 명시된 기후 목표에 따라서 탄소 배출에 탄소세를 매긴다면 새로 건설된 가스 화력 발전소도 발전소 수명기간 동안 수익성이 있는 것으로 나타났습니다. 또한 이 보고서에 의하면 실제로 경제적 잠재력이 있는 기간 동안 충분히 사용하는 경우 가스를 사용하는 청정기술이 에너지 부문에서 12Giga 톤의 배출량 감소를 가져올 수 있음을 보여주고 있습니다. 이는 총 에너지 배출량의 3분의 1에 해당하고, 이러한 효과를 무시하기에는 이득이 매우 크다고 할 수 있습니다. 또한 이러한 즉각적인 가치를 극대화하기 위해 연료 전환을 보완할 수 있는 효율성 투자에서 얻을 수 있는 것이 여전히 많습니다.

선진 시장 이야기의 두 번째 부분은 기술에 있습니다. 이미 구축된 광범위한 가스 인프라는 탄소 배출을 더 많이 줄이고 기후변화 완화 목표를 달성하기 위해 청정기술을 도입하기 위한 이상적인 진입점을 제공합니다. 수소, 재생 가능한 가스(또는 바이오메탄), 탄소 포집과 저장 기술의 발전으로 가스 산업이 탄소 중립을 이루도록 빠르게 발전하고 있습니다.

그러나 이러한 기술들이 규모의 경제를 달성하기 위해서는 정책이 매우 중요합니다. 물론 가스 생산이 그리드 탄력성을 지원하고 높은 재생에너지 가 도입되는 데 매우 중요합니다.

이제 개발도상국에 대해서 논해 보기로 하겠습니다. 개발도상국들은 가스 수요 성장의 원동력입니다. 이는 가스 수요는 종종 에너지 전환 전략의 핵심 부분이기 때문입니다. 특히 아시아 지역은 인구증가, 산업화와 도시화가 빠른 속도로 진행되고 있는데 이러한 성장은 주로 국내 석탄 발전의 에너지 공급으로 이루어지고 있습니다.

현재 가스로 전환하거나 아직 에너지 인프라가 없는 지역에 에너지를 공급하도록 적극적으로 가스 산업이 확장되고 있고, 이는 신규로 건설 중인 석탄 자산의 양을 줄이고 있습니다.

가스와 재생에너지는 단기간에 탄소 배출량 증가 궤적을 변경하는 데 도움이 될 것이며, 저탄소 가스 기술이 에너지 전환의 다음 단계에서 도입될 규모의 경제를 확보할 것입니다.

가스 공급 인프라가 부족한 시장은, Covid19 전염병 위기에서 가장 큰 타격을 받고 있습니다.

이들 지역은 매우 많은 인구가 현대적인 에너지에 접근할 수 없는 곳이며, IEA에 따르면 올해 그 수가 더 늘어날 것이라고 합니다. 현대사회에서 신뢰할 수 있는 에너지에 대한 접근이 부족하다는 것은 환자에게 적절한 치료를 제공하거나 생명을 구하는 약을 저장하거나 적절한 회복 조건을 보장할 수 없음을 의미하는 것과 마찬가지입니다.

하지만 우리는 그것을 바꿀 수 있다고 낙관합니다. 왜냐하면 기술이 해결책을 찾아낼 수 있기 때문입니다. 재생에너지와 가스를 포함한 분산 발전 및 LNG를 포함한 소규모 가스 분배 기술의 발전으로 인해 이러한 피해를 입은 지역에서 현대적 에너지에 대한 접근을 가속화할 수 있습니다.

앞서 언급한 보고서(지속가능한 미래를 위한 가스 기술과 혁신)에 의하면, 천연가스는 경제적으로 10억 명의 사람들에게 청결한 환경에서 요리를 할 수 있는 에너지를 제공할 수 있습니다. 그러나 모든 다른 것들과 마찬가지로 초기 자금조달이 중요하며, Covid19 위기 이후의 재건과 복구 계획에 가스 인프라를 설치하는 것이 포함되어야 합니다.

요약해서 말하면, 다양한 지역에서 가스의 역할은 지역마다 다르지만 환경, 경제 및 사회적 가치는 세 가지 유형의 시장 모두에서 부인할 수 없이 큽니다. 필요한 도구와 해당 가치에 대한 접근 용이성은 매우 다양하며, 잠재적 혜택이 가장 높은 지역도 초기 자금조달, 규제 확실성 또는 정치적 안정성과 같은 가장 높은 초기 장벽에 직면하는 경향이 있습니다.

이 지역은 세계의 지속가능한 개발 의제를 달성하는 데 가장 도움이 필요한 곳입니다. 가스 공급 측면을 보면 이러한 가치를 구체화하기에 유리합니다. 가스는 지리적으로 다양하게 부존되어 있어 시장 선택성을 제공하는 충분한 에너지 자원이기 때문입니다.

상업적 유연성과 건전한 경쟁이 증가하고 있습니다. 이는 지속적인 기술혁신이 있어 비용을 낮추고 소규모 업체라도 쉽게 시장에 진입할 수 있게 하고 있습니다.

마지막으로, 산업이 삶의 질을 개선하는 동시에 에너지 전환을 가속화하고 경제에 활력을 불어넣는 데 막대한 역할을 할 수 있습니다.

이제 요약을 하겠습니다.

2020년은 매우 어려운 해였으며, 우리 모두를 시험에 들게 한 해였습니다. 그러나 우리가 함께 이 도전에 대하여 더 강하고 현명하게 극복하고 더 나은 재건을 할 수 있습니다. 또한 가스는 깨끗하고 안전하며 유연하고 저렴하고 탄력적인 에너지를 제공할 것이라는 데 의심의 여지가 없습니다. IGU는 글로벌 에너지 믹스에서 가스의 경제적, 사회적, 환경적 가치를 입증하기 위해 계속 노력하겠습니다.

10차 상트페테르부르크 국제가스포럼 참석 (2021.10.7)

Covid19 바이러스 변이의 지속적인 출현으로 거의 1년 이상 국제회의와 행사는 순연되거나 Webinar 형태로 진행되었다.

대면으로 처음 개최되는 상트페테르부르크 국제가스포럼(St. Petersburg International Gas Forum, SPIGF)은 석유와 가스 분야의 국제회의 및 전시회를 개최하는 Top5에 속할 정도의 국제 에너지 행사이다.

SPIGF는 2011년부터 시작되어 기업과 정부 간의 활발한 대화의

장을 제공하며 동시에 러시아 석유와 가스 산업의 변화를 나타내는 지표 역할을 하기도 한다. 포럼에는 석유와 가스시장의 세계 유수의 최고 경영자, 업계와 학계 전문가들이 참석한다. 오랜만에 개최된 에너지 행사가 유럽의 천연가스 최대 수출기업인 가즈프롬에 의하여 주관되어 성황리에 진행되었다.

필자는 WGC2022 연사 초청을 확정하고자 이 행사에 참석한 주요 인사들을 면담하기 위해 동분서주하였다. 다행히도 500명 이상 참석과 주요 연사들의 확답을 받았지만 우크라이나 전쟁과 경제 제재로 송두리째 무산되었다.

정말로 나의 임기 동안에 백년에 한 번 발생하는 Pandemic과 지역 전쟁이지만 경제 제재와 병합되어 세계 전쟁으로 돌변한 환경에서 세계 가스올림픽으로 꼽히는 WGC 행사 추진은 큰 도전이었다. 이 행사의 주제는 당연히 우크라이나 전쟁 이전이어서 Pandemic 종식 후 엄청난 에너지 수요 급증에 대한 가스 공급망 확충과 신중한 에너지 전환의 요구였다.

필자도 이러한 기조로 발표하였다. 그렇지만 미국이 러시아의 우크라이나 침공을 확신적으로 예언하고 있어서 침공 후의 세계 가스시장 불안정을 우려하여 유럽 참가자가 많았다.

SPIGF 연설문

천연가스가 그 어느 때보다 글로벌 경제에 중요한 에너지였던 적은 일찍이 없었습니다.

가스가 이번 포럼에서 새로운 도전과 솔루션 플랫폼 하에서 핵심 논의 주제가 될 것이라고 생각합니다.

가스는 열의 강도, 대기오염, 온실가스 배출, 확장성 측면에서 많은 이점이 있는 에너지입니다. 또한 가스는 사회·경제 발전, 지속가능성과 환경 측면에서 점점 더 중요해지고 있습니다.

천연가스는 이러한 문제에 대한 주요한 솔루션이며 다른 어떤 대안보다 좋은 에너지입니다. 새로운 에너지 기술혁명이 있을 때까지 우리의 핵심 메시지는 '가스'이어야 합니다. 세계가 오염에 대해 우려하고 있는 상황에서 천연가스가 해결책의 일부라는 것을 보여주어야 합니다.

오늘날 천연가스와 수소를 포함한 탈(脫)탄소 가스 포트폴리오가 미래에 보다 지속가능한 에너지 미래를 위한 촉매제가 될 것입니다. 천연가스는 석탄, 케로센 등과 같은 연료를 전환함으로써 더 깨끗한 환경을 위한 촉매가 될 수 있습니다. 또한 연료를 천연가스로 전환하는 것만으로도 에너지 부문의 이산화탄소 배출량을 5.5기가톤(13% 이상) 만큼 감축할 수 있고 전 세계적으로 대기오염을 줄일 수 있습니다. 이는 오늘날 사용가능한 입증된 기술입니다.

따라서 기후위기를 도전이 아니라 기회로 보아야 합니다. 비(非)청정 연

SPIG에서의 기조연설

료가 정치적으로나 사회적으로 너무 비싸면 가스가 수혜자가 될 준비가 되어 있습니다.

기후 논쟁은 천연가스 수요에 대한 긍정적인 동인으로 간주되어야 합니다. 천연가스와 재생에너지 사이에는 독특하게 조화로운 관계가 있습니다. 천연가스가 재생에너지와 경쟁해야 한다고 생각하지 않습니다.

유럽이 탈(脫)탄소화에 집중하고 있는 것은 분명합니다. 그러나 유럽을 활기차고 따뜻하게 유지하는 천연가스의 안정적인 공급 없이는 재정적 투자와 엔지니어링 기반 모두에서 불가능하다는 점입니다. 안전하고 신뢰할 수 있는 천연가스 공급은 유럽의 탈탄소화의 핵심 기반입니다. 천연가스는 재생에너지의 이상적인 파트너이며 천연가스 수요의 동인으로도 간주되어야 합니다.

가스는 개발도상국에서 사회 경제적 또는 산업적 가치의 원동력이기도 합니다. 많은 개발도상국이 아직도 심각한 에너지 빈곤 위기로 고통 받고 있습니다. IEA에 의하면 아시아 개발도상국의 16억 명이 깨끗한 조리 시설을 갖추고 있지 못하며, 이는 세계 인구의 약 20%에 해당합니다. 또한 중앙과 남부 아시아 인구의 거의 10%가 안정적인 전기 공급이 부족하며, 이는 지역의 사회경제적 발전에 제약이 되고 있습니다. 2050년까지 지구상에는 추가로 20억 명이 넘는 인구가 살게 될 것이며, 그 성장의 대부분은 소위 개발도상국에서 비롯될 것입니다.

천연가스는 선진국에서와 마찬가지로 개발도상국에서 사회경제적 발전의 중요한 발전 동인입니다. 유럽, 북미, 아시아의 대부분은 가스의 고유한 장점으로부터 혜택을 받아 왔습니다. 가스는 선진국 에너지 시스템의 기초이며 앞으로도 그럴 것입니다.

왜 선진국은 산업화의 혜택을 받고 나머지 세계의 혜택은 거부해야 하는 것입니까? 천연가스를 사용하면 에너지 접근성을 빨리 실현할 수 있으며, 깨끗하고 저렴하게 확장할 수 있습니다. 새로운 가스 기반 시설과 천연가스 사용 증가는 지역 전체의 경제를 촉진하여 재정적 빈곤과 에너지 빈곤을 줄일 수 있습니다.

천연가스는 또한 공중보건 이점을 통해 사회경제적 가치를 창출할 수 있습니다. 오늘날 산업과 가정환경에서 가스 사용이 많아지면 대기오염이 크게 줄어들어 매년 700만 명이 사망하는 오염 물질을 줄일 수 있습니다. 가스를 사용함으로써 대기와 환경을 정화하게 되어 삶의 질과 공중보건을 즉시 향상시킬 수 있습니다.

새로운 가스 기술은 이러한 환경문제 해결을 지원하고 또한 천연가스에 대한 장기적인 수요를 창출할 것입니다.

IGU는 모든 가스 에너지의 효율적이고 지속가능한 사용을 포함하는 에너지 혁신과 청정 기술 발전을 지원하고 있습니다. 천연가스에 대한 주요 새로운 수요 발생은 수소일 수 있습니다.

수소를 경쟁자로 간주해서는 안 됩니다. 인프라와 재정적 문제는 매우 중요합니다. 예를 들어, 일본은 철강 산업에서 수소 환원 제철로의 전환을 위해서 현재 재생발전 용량을 두 배 이상 늘려야 합니다. 블루수소 또는 청록색 수소는 필요한 구성 요소이며 규모를 확장할 준비가 되어 있습니다. 따라서 천연가스는 주요한 수소 생성 에너지이므로 다양한 칼라의 수소의 잠재력을 살펴보아야 합니다.

현재 가스 가격은 선진국의 Covid19 Pandemic 이후 경기회복과 선진국 또는 개발도상국의 지속적인 수요로 인하여 결정됩니다. 간단히 말하면, 전 세계는 가능하면 최고의 생활수준을 원하는 지속적으로 증가하는 인구의 요구를 충족시키기 위해 더 많은 가스를 필요로 합니다.

그러나 환경 정책과 에너지 전환에 대한 강력한 정책 드라이브로 에너지 공급 측면에는 상당한 압력이 가해지고 있으나 수요에 대한 제약은 없는 현실입니다. 이로 인하여 글로벌 에너지 시장은 타이트해지고 있습니다. 한편 에너지 수요를 충족하기 위한 추가적으로 생산할 수 있는 가스 생산력은 제한적입니다.

가스는 석유와는 다릅니다. 가스는 단지 탭(Tap)을 열고 스왑을 통해 글로벌 공급을 관리할 수 있는 에너지가 아닙니다. 이러한 가스 에너지의 상황을 고려하면, 재생에너지의 본질적인 간헐적 특성과 역사상 가장 낮은 풍력 생산량을 기록한 해를 에너지 정책 수립 시 고려해야 합니다. 이러한 재생에너지 특성으로 인하여 최근 천연가스 가격은 '완벽한 폭풍(Perfect Storm)'을 보여 주었습니다.

천연가스 수요는 여전히 긍정적이며, 현재와 미래에는 천연가스로부터 생산할 수 있는 블루 수소 또한 적극 개발해야 합니다. 우리 인류 사회가 에너지를 필요로 하는 한, 여러 세대 동안 천연가스가 여전히 중요하고 필요합니다.

World Petroleum Council 총회 (2021.12.3)

2020년에 열릴 제23차 WPC(World Petroleum Congress, 세계석유총회)가 Covid19 Pandemic으로 연기되어 2021년 12월 5일부터 9일까지 텍사스 주 휴스턴에서 개최되었다.

WPC는 WEC(세계에너지총회), WGC(세계가스총회)와 함께, 에너지 분야 3대 올림픽이라고 불리는 글로벌 석유·가스 분야 최대 행사로, 3년 주기로 대륙별 순번에 따라 개최되고 있다. 이번 23차 WPC 총회에는 70개국 이상에서 5,000명이 넘는 참석자가 참석하여 세계 에너지의 미래에 대한 논의를 하였다.

1998년 WPC 행사를 북경에서 개최할 때 필자는 WPC 과학위원회(Scientific Committee) 위원으로 참가한 적이 있다.

당시 강택민 국가주석은 WPC 행사 유치를 국가적 사업으로 명명하고 중국 최고 만찬장인 Great Hall로 약 50명의 WPC 집행 인사들을 초치하여 극진히 대접하였다.

20년이 지난 현재의 석유의 위상은 2020년에 개최되는 WPC Houston에서 확연히 대비되어 격세지감이 들었다.

우리나라는 에너지 3대 올림픽 총회에서 2013년 WEC 유치, 2021년 WGC 유치에 성공하였지만 아직까지 WPC 유치에는 성공하지 못하고 있다. 아마도 석유에 대한 한국의 세계적 위상은 WPC 행사 유치까지는 아직 부족한 것 같다.

여기서부터 23차 WPC 총회 기조연설에서의 에너지 전환 시대 가스 산업의 기여와 역할에 대한 연설문을 소개한다.

WPC 기조연설문

먼저 IGU에 대하여 소개하겠습니다.

IGU는 가스 생산에서 최종 사용자에 이르기까지 전 세계 가스 가치 사슬의 98%를 대표하는 정회원 90사, 준회원 70사의 총 160사가 가입하고 있는 글로벌 가스 산업의 대표 조직입니다. 패널로는 세브론 유라시아 E&P 대표인 Nigel Hearne, Exxon Mobil의 LNG 부문의 부사장인 Peter Clarke, Total Energies E&P 부문의 Senior Vice President인 David Mendelson, Petrolent LNG CEO인 Akshay Kumar Singh가 참여하고 있습니다.

가스 메가 프로젝트는 엔지니어링 측면에서 매우 복잡하고, 또한 자본

집약적인 반면에 장기적인 불확실성과 단기 변동성으로 인하여 때로는 프로젝트 위험에 처하기도 합니다. 그러나 이러한 프로젝트들은 가스가 21세기의 인간 생존에 필요하기 때문에 계속 진행되고 있습니다.

현재의 가스와 미래의 가스는 다른 에너지 대안들과 비교할 때도 근본적으로 더 효과적인 에너지입니다.

IGU에서는 현재와 미래의 천연가스 포트폴리오, 즉 천연가스, 탈(脫)탄소 가스 및 재생가능 가스가 보다 지속가능한 글로벌 에너지 시스템의 촉매이자 기초가 될 것으로 생각하고 있습니다.

에너지 방정식을 근본적으로 바꿀 수 있는 새로운 에너지 기술 혁명이 있을 때까지 우리의 핵심 메시지는 '가스'이어야 합니다. 그래서 아직도 가스 메가 프로젝트가 이루어지고 있다는 점입니다.

아직까지 가스 산업은 유망합니다. 우리 모두는 고려해야 할 몇 가지 주요 과제가 있음을 알고 있습니다. 가스 메가 프로젝트의 가치를 깨닫고 흔히 언급되는 '좌초자산(stranded assets)' 문제를 피하기 바랍니다. 가스 산업의 가치 사슬에서 직면하고 있는 몇 가지 도전과 가스 산업의 가치를 설명하기 위하여 어떻게 협력해야 하는지 말하고자 합니다.

우리는 현재 '완벽한 폭풍(Perfect Storm)'에 가까운 무엇인가에 직면해 있습니다. 많은 글로벌 에너지 기관의 정책 변화로 인해 환경과 온실가스 배출은 글로벌 에너지 트렌드에 주요 이슈가 되고 있습니다. 에너지 트릴레마(Trilema)의 한 부분인 환경은 글로벌 정책, 규제 및 금융 엘리트에 의해 우선순위가 매겨진 것으로 보입니다.

에너지 수요를 감소시키는 Covid19 Pandemic의 영향으로 인하여 보다 적극적인 에너지 전환 주장이 힘을 얻고 있습니다. 이로 인해 특정 에너지원에 대한 명백한 제한이 발생했습니다.

WPC 총회

우리가 '탄화수소(hydrocarbon)'라고 부르는 것이 이제는 화석 연료(fossil fuel)라고 합니다. 과거에 천연가스라고 불렀던 에너지를 화석가스(fossil gas)라고 합니다. 가스 고유의 장점이 탈(脫)탄소화해야 할 필요가 있기 때문에 간과되고 있습니다.

이러한 인식으로 인하여 글로벌 가스 메가 프로젝트 개발에는 큰 도전이 되고 있습니다. FID(Final Investment Decision) 또는 TCF(Technology Commercialization Fund) 프로젝트의 추가 개발에 지연을 초래하는 정책, 규제와 관련된 리스크가 있으며 그에 따른 자금 투자가 지연되고 있습니다.

이것이 우리가 직면하고 있는 현재의 글로벌 에너지 가격 변동성의 주요 동인이라고 믿습니다. 시장은 의도한 대로 반응하고 있습니다. Covid19 Pandemic 회복 이후 공급의 증가 없이 수요가 증가하면 가격이 상승할 것입니다.

이를 공유하는 핵심 이해 관계자가 인식하고 필요한 전략적 투자가 더 이루어져 유동성이 증가하고 시장이 진정되기를 바랍니다.

하지만 일단은 좀 진정하는 것이 필요합니다. 도전에서 벗어나 긍정적으로 돌아갑시다. 왜 우리가 인식된 위험을 관리하고 이해 관계자와 공동으로 참여해야 하는지 깨달아야 합니다.

세계가 오염에 대해 우려하고 있다면 우리는 천연가스가 해결책의 일부라는 것을 보여주어야 합니다.
(If the world is concerned about pollution, we must demonstrate that natural gas is part of the solution.)

천연가스는 온실가스를 더 많이 배출하는 연료에서 천연가스로 전환함으로써 더 깨끗한 환경을 위한 긍정적 촉매가 될 수 있습니다. 연료를 천연가스로 전환하는 것만으로도 에너지 부문의 이산화탄소 배출량을 5.5Giga톤(13%+) 줄이고 전 세계적으로 대기오염을 줄일 수 있습니다.
천연가스와 재생에너지 사이에는 조화로운 관계가 있습니다.
천연가스는 재생에너지의 이상적인 파트너이며 천연가스 수요의 동인으로도 간주되어야 합니다.

가스는 개발도상국에서 사회경제적 및 산업적 가치의 동인입니다.
(Gas is a driver of socio economic and industrial value in the developing world.)

개발도상국의 대부분은 심각한 에너지 빈곤 위기로 고통을 받고 있습니다. IEA에 의하면 아시아 개발도상국의 16억 명이 깨끗한 조리 시설을 이용할 수 없는 실정입니다. 이는 세계 인구의 약 20%에 해당합니다. 중앙아시아와 남아시아 인구의 거의 10%는 안정적인 전기 공급이 부족합니다. 이는 지역의 사회경제적 발전에 방해물이 되고 있습니다.

2050년까지 지구에는 20억 명이 넘는 추가 인구가 살게 될 것이며, 그 성장의 대부분은 소위 개발도상국에서 일어날 것입니다. 유럽, 북미, 아시아의 대부분은 가스의 고유한 특성으로부터 혜택을 받아 왔습니다. 가스는 선진국 에너지 시스템의 기초이며 앞으로도 그럴 것입니다.

왜 선진국은 산업화의 혜택을 받고 나머지 세계의 혜택은 거부해야 합니까? 아프리카와 아시아에서 여러 번 들었던 것처럼 "우리는 에너지 전환에 전념하고 있지만 우리 자신의 전환을 정의해야 합니다."

깨끗한 공기(Clean Air)

오늘날 산업과 가정환경에서 가스 사용을 강화하면 대기오염을 크게 줄일 수 있으며 이로 인해 매년 700만 명이 사망하는 대기오염을 줄일 수 있습니다. 그것은 공기와 환경을 정화함으로써 삶의 질과 공중보건을 즉시 향상시킬 것입니다.

이것은 선진국 대 개발도상국의 상황이 아닙니다. 갈탄과 석탄 화력이 있는 유럽으로 가는 콘택트렌즈와 안경 착용자는 공기 중에 먼지가 많다는 것을 알게 될 것입니다. 하루가 끝나면 눈 옆에 불쾌한 침전물이 있을 것입니다. 폐에도 같은 오염이 일어날 것입니다.

보고타에서 베이징, 런던, 이스탄불, 구자라의 모르비에 이르기까지 우리는 가스로의 연료 전환이 공기를 정화하고 사람들의 삶을 더 좋게 만드는 것을 보았습니다.

알다시피, 가스 수요에 대해 긍정적인 이유가 많이 있으며 우리가 현재와 미래에 고유한 매력적인 특성을 홍보할 수 있는 방법이 있습니다.

이제 우리 패널들의 의견을 들을 시간입니다.

CERAWeek2022 가스 산업 토론 (2022.3.9)

Covid19 Pandemic이 세계적 행사의 틀을 바꾸어 CERAWeek도 2019년에는 다양한 형태의 Online Program을 진행하였다. 세계 7대 Major 기업들의 CEO와 국제기구 수장을 대상으로 CERAWeek Communication을 Daniel Yergin 박사와 1:1 면담 형태로 매달 전 세계에 유료로 방영하는 Webinar를 개설하였다.

영광스럽게도 세계 에너지기구의 비영어권 CEO으로는 처음으로 필자가 초청되어 대담하였다. 여타 생방송에서 느끼는 중압감은 물론 1시간 동안 각종 에너지 현안에 대해 종합적이고 심층적으로 Daniel Yergin 박사의 질문과 나의 답변으로 진행하는 방식은 이미 여러 차례 주요 국제무대에서 경험을 축적하였지만 큰 도전이었다.

질문과 답변 중 대표적인 내용들을 소개하면 Climate Change 명제에 대한 대응방안으로 대륙 간, 국가 간 다양성을 무시한 Universal Solution은 불가하며, 또한 이러한 정책의 추진은 저개발국가, 개발도상국에게는 2nd WaveofImperialism으로 인식될 수 있다는 국제기구의 수장으로 약간 강력한 단어의 선택이었다는 평도 있었다.

아무튼 대단원의 막은 끝났지만, 아쉬움도 많았다. 이러한 1:1 질문과 답변의 영어 대담에서 질문인지 개인적 의견인지 혼돈되어 질문의 핵심에서 벗어나는 경우가 간혹 있었다. 이에 대한 대처방안으로 가능한 한 즉답을 하고 배경 설명을 뒤에서 하는 쪽으로 노력하였다. 이 또한 비영어권 국제기구의 수장이 넘어야 할 도전이었다.

세계적인 에너지 석학인 Daniel Yergin 박사는 개인적으로 나의 Role Model이어서 어떻게 저 나이에도 끊임없이 변하는 에너지 관련 정보(information), 지식(knowledge)과 지혜(wisdom)의 피를 수혈(輸血)받을 수 있을까 하는 궁금증이 있었다.

세계적으로 개최되는 에너지 행사에서 만남이 거듭될수록 궁금증의 실타래가 풀리기 시작하였다.

Daniel Yergin 박사는 정보나 지식보다는 세계 최고 정책 입안자들이나 세계 최대 에너지 기업 CEO들과의 개인 면담에서 묻어 나오는 그들의 식견과 의식을 통하여 자기 나름대로 통찰한 Wisdom으로 세계 에너지 시장을 조망하고 있었다.

각 국제기구에서 발간된 문서는 역사적 기록이고, 현실에서는 세계 에너지 Inner Circle에서 활동하고 있는 수장들의 식견과 의식이 시장을 지배하고 있다. 따라서 글로벌 에너지산업 리더들의 Inner Circle 진입만이 미래 에너지 시장의 추이에 대한 보다 정확한 판단을 할 수 있는 지름길이라는 것을 Daniel Yergin 박사와의 여러 차례의 만남을 통해서 깊이 경험할 수 있었다.

CERAWeek는 Covid19 Pandemic 발생으로 2020년과 2021년에는 Online으로 개최되었다. 다행히도 2022년 들어서 Covid19가 약화되어서 다시 대면회의에 참석할 수 있게 되었다. 토론자로서 2022년의 CERAWeek 참석은 개인적으로도 큰 영광이었지만 나에게는 큰 도전이었다.

에너지 관련 지식은 다른 토론자에 비해 자신 있었지만 영어로 메모 노트 없이 즉석에서 토론하는 형식이라 5명으로 구성된 쌍방 간의 토론에서 흐름을 놓치게 되면 그야말로 나락으로 추락하게 된다.

참고로 같이 참석하게 된 패널들은 Abu Dhabi 국영석유회사의 CEO인 Fatema Al Nuaimi, Execelerate Energy의 CEO

인 Steven Kobos, Petronas의 CEO인 Adnan Zainal Abidin 과 IHS Maket의 Chief Strategist Global Gas인 Michael Stoppard 였다.

사전 준비는 철저히 하였지만 시차로 인한 집중력과 평정심을 유지하는 것이 큰 도전이었다. 이 과정에서 배운 점은 상대방의 의견을 충분히 듣고 당황하지 말고 요점만 아주 천천히 말하고 질문에 대한 답변은 즉답으로 해야 한다는 것이다.

나는 교단에서 학생들 질문에 즉답보다는 배경 설명 후 답하는 습관이 몸에 배어 있어서 이런 식의 토론에 적응하는 데는 상당기간 훈련이 필요했다. 패널 토론에서 주요 의제에 대하여 필자가 제시한 의견은 다음과 같다.

Daniel Yergin 박사와 1:1 대담

CERAWeek2022 패널토론 내용

패널토론 배경과 목적

공급 측의 투자와 시장개발 측면에서 천연가스에 대한 높은 기대치를 실현하고 초과 달성하는 데에는 수많은 실질적인 도전 과제가 있습니다. 이번 세션에서는 혁신가들이 이러한 과제를 극복하고 가스 개발을 추진하는 방법을 살펴볼 것입니다.

우리는 주요 성장하는 시장과 다양한 지역에서 가스를 보는 방식에 대해 논의하고 또한 주요 기술혁신을 지정할 것입니다. 아시아, 중동, 라틴 아메리카의 핵심 성장 시장을 위한 가스 개발에 특히 중점을 두고 다양한 경험을 보유하고 있는 패널을 초청해서 아래의 주제들에 대해서 토의하도록 하겠습니다.

- 지난 6개월간의 가스 위기의 교훈
- 천연가스와 LNG의 주요한 미래 성장 시장
- 천연가스 시장의 발전을 가속화하기 위한 방법
- ESG 목표와 가스의 역할
- 가스와 재생에너지 간의 파트너십의 의미
- 천연가스 산업에서의 기술 혁신의 종류

질문 1 : 지난 6개월간의 가스 위기에서 우리는 어떤 교훈을 얻어야 할까요?

(What lessons should we draw from the gas crunch of the last 6 months?)

워싱턴에서 Daniel Yergin 박사(왼쪽)와 함께

이렇게 훌륭한 패널 분과 함께 자리를 하게 된 것을 매우 영광스럽게 생각합니다. 또한 오늘 이곳에서 세계에서 가장 존경받는 에너지 행사에 참여하게 되어 정말 기쁩니다. 물론 저는 개인적으로는 비극적인 상황, 인명 손실, 인도주의적 위기가 전개되고 있는 것에 대해 깊은 슬픔을 느끼고 있으며, 평화와 종전을 촉구하는 목소리에 동참하고 있습니다.

또한 에너지 안보에 대한 우려가 커지고 있습니다. 이 지정학적 위험은 유례없이 타이트한 가스시장과 제한된 여유 용량의 상황에서 발생했습니다. 이러한 갈등은 글로벌 가스시장에 큰 위험 프리미엄과 변동성을 추가합니다.

그러나 시장은 급증하는 수요와 타이트한 공급 덕분에 이미 타이트한 상태에 있었습니다.

현재까지 가스 수급에 차질이 생긴 것은 아니지만, 물론 물적 피해나 제재의 위험이 남아 있어 상황을 예의주시하고 있습니다.

러시아산 가스는 유럽 에너지 수요의 3분의 1 이상을 공급하는 중요한 역할을 합니다. 이러한 갈등은 장기화된 에너지 위기의 이면에 있기 때문에 교훈에 대한 이 질문은 우리가 신중하게 숙고해야 할 매우 중요한 질문이라고 생각합니다.

IGU의 글로벌 관점에서 저는 가스 위기가 글로벌 에너지 위기의 한 부분일 뿐이라고 봅니다. 우리는 세계가 최단 기간에 가장 큰 에너지 전환을 하려는 야심 찬 시도를 시작했음을 알고 있습니다. 그것은 간단하지 않을 것이며 고통스러울 것입니다. 그것이 현실입니다. 사실 이번 에너지 위기는 예고편일 수도 있습니다. 이 위기는 현대 글로벌 에너지 시스템과 경제가 밀접하게 연결되어 있음을 상기시킵니다. 전기화는 이것을 완화하지 못할 것입니다. 오히려 모든 것을 더 연결합니다.

CERAWeek2022 패널 토론

가슴 아프게도 가장 취약한 사람들이 다시 최악의 파급 효과를 겪을 것이라는 점입니다. 이미 이 에너지 위기는 개발도상국에서 정전과 산업시설의 폐쇄를 초래하고 있습니다. 가스 기반의 비료 생산량이 영향을 받기 때문에 식량 공급 안보에 대한 우려가 큽니다. 그래서 가장 큰 교훈은 바로 이것이라고 생각합니다.

세계의 에너지 시스템은 그 어느 때보다 상호 의존적입니다. 가장 중요한 에너지 공급원은 세계화되어 있습니다. 에너지시장과 뒷마당에서 일어나는 일은 밀접하게 연결되어 있습니다. 따라서 세계는 이 에너지 전환에 대한 신중한 장기 계획이 그 어느 때보다 필요합니다.

에너지의 가용성과 안보를 위하여 에너지 소요량에 대한 장기적인 수요와 공급을 고려해야 하며 만일의 사태에 대비할 수 있는 여유가 있어야 합니다. 수요 급증을 충족시키기 위해 충분하고 빠른 공급을 보장해야 합니다. 또한 수요를 줄이기 위한 공정한 조치도 포함되어야 합니다. 나는 지금까지 이러한 조치가 이루어진 것을 본 적이 없다고 감히 말하고 싶습니다.

오히려 반대입니다. 중요한 공급원에 대한 투자를 줄이기 위한 정책 결정은 에너지 수요를 줄이기 위한 유사한 조치가 없는 상태에서 공격적인 속도로 이루어지고 있습니다. 가스에 대한 투자는 권장되지 않거나 축소되거나 일부 경우에는 금지되고 있습니다. 동시에, 특히 1인당 에너지 사용량이 극히 낮은 신흥 경제국에서 에너지 수요는 계속해서 증가하고 있습니다.

이러한 불일치가 계속 존재하는 동안, 우리는 최근 몇 달 동안 본 것과 같은 주요 문제를 계속 겪게 될 것이며 상황은 더욱 나빠질 것입니다.

설상가상으로 타이트한 가스 공급 상황은 기후에 매우 부정적인 영향을 미치고 있습니다. 2021년에 우리는 최근 역사상 유럽과 미국에서 석탄 화력 발전의 가장 큰 성장을 보았습니다. 미국의 발전소는 작년에 석탄을 20% 더 태웠지만 가스는 감소했습니다. 이것은 지속가능한 가스 공급에 대한 투자가 계속되어야 하는 동시에 세계에서 가장 낮은 탄소 배출 에너지원으로서 여전히 중요한 역할을 해야 한다는 것을 극명하게 보여주었습니다.

이와 동시에 가스 공급을 통한 탈(脫)탄소화에 대한 투자를 확대해야 합니다. 앞서 말했듯이 오늘날의 천연가스와 미래의 탈(脫)탄소, 탄소 제로 및 재생 가능한 가스 포트폴리오는 지속가능한 에너지 미래를 위한 촉매이자 기초이기 때문입니다.

질문 2 : 천연가스 시장의 발전을 가속화하기 위해 무엇을 해야 합니까?

(What can be done to accelerate the development of natural gas markets?)

정책이 매우 중요합니다. IGU는 지속가능하고 달성 가능한 에너지 전환을 촉진하기 위한 건전한 정책을 옹호하는 데 많은 시간을 할애하고 있습니다.

가스 인프라가 온실가스 배출 감소, 현대적 에너지에 대한 접근을 가능하게 하고 점진적인 탈탄소화 경로를 제공할 수 있는 지역에서의 천연가스 시장 개발의 필요를 적극 홍보하고 있습니다. 오늘날의 천연가스는 수소, 재생가능 가스 및 탈(脫)탄소 천연가스와 같이 온실가스 배출이 없는 가스로 점차적으로 대체될 수 있습니다.

필요한 정책의 측면에서, 모든 새로운 시장에 적합한 단일 정책 솔루션은 없다고 생각합니다. 효과적인 정책은 지역의 필요에 맞게 조정되어야 합니다. 저는 정책 입안자들이 효과적으로 사용할 수 있는 몇 가지 공통된 기본 원칙이 있다고 믿습니다.

첫째는, 가스를 비(非)청정연료에 비해 불리하게 만드는 주요 시장 왜곡이나 장벽을 제거하는 것으로 시작하기를 바랍니다. 예를 들면 배출 가격 책정, 국내 석탄 보조금 제거, 대기질 또는 폐수와 같은 환경 규제가 포함됩니다. 가스시장 성장의 가장 성공적인 사례 중 하나는 중국과 같은 청정 공기 정책에 의해 주도되었습니다.

또한 인도에서와 같이 탈탄소화 계획을 충족하면서 인구에게 현대적 에너지에 대한 접근을 제공하려는 정부의 약속, 영국의 탄소시장 대응 등이 있습니다.

또한 저는 가스 인프라와 가스 공급 프로젝트에 자금을 지원하기 위한 자금 조달의 중요성을 강조하고 싶습니다. 가스시장 개발은 기반 시설에서 시작되며 기반 시설에는 자본이 필요합니다. 주요 공공 및 민간 대출기관이 자금 조달에서 천연가스 프로젝트를 무분별하게 배제하는 최근 추세는 많은 신흥 경제국이 현대적인 에너지 접근을 개발할 수 있는 권리를 부당하게 제한합니다.

세계에는 여전히 에너지에 접근할 수 없는 10억에 가까운 사람들이 있습니다. 그들 대부분은 아프리카에 있으며, 가스 개발은 경제적, 인적 개발 기회와 사회 전체에서 신뢰할 수 있는 현대 에너지를 가질 수 있는 기회를 제공합니다.

선진국에서는 당연하게 여기는 것인 재생에너지만으로는 아직 이 문제를 해결할 수 없으며 가스는 유연한 백본을 제공하여 재생에너지의 규모를 가속화할 수 있습니다.

질문 3 : ESG의 목표에 대하여 어떻게 생각하며 가스의 역할은 무엇입니까?
(How do you think about ESG goals, and what is the role of gas?)

저도 또한 하나의 다른 주요 가치 제안을 추가하겠습니다. 깨끗한 공기. 천연가스는 석유, 석탄 또는 바이오매스와 달리 독성 오염을 일으키지 않습니다. 이것은 오염으로 인해 매년 수백만 명이 사망하는 아시아와 같은 성장하는 시장에서 매우 중요합니다.

질문 4 : 가스와 재생에너지 간의 파트너십은 실제로 무엇을 의미합니까?
(What does a partnership between gas and renewables mean in practice?)

가스는 에너지 시스템이 더 많은 재생 가능 자원을 처리할 수 있도록 유연하고 온디맨드 방식으로 사용 가능한 여유 용량을 제공합니다. 다시 말해 가스는 에너지 시스템에 중요한 유연성을 제공합니다. 더 많은 재생에너지 발전이 설치됨에 따라 에너지 시스템의 유연성에 대한 이러한 요구는 계속 증가할 것입니다.

배터리가 가스를 대체할 것이라는 개념도 완전히 정확하지 않습니다. 배터리는 훌륭하고 매우 효율적이며 반응성이 뛰어난 도구이지만 시간이 더 짧습니다. 오늘날 대부분의 상용 그리드 크기 배터리의 에너지 방전 시간은 약 4시간입니다. 지금까지는 화력발전소가 재생에너지의 변동성에 대한 지원을 제공하고 있습니다.

우리는 에너지 전환이 체계적으로 이루어지도록 해야 합니다. 기술적으로, 사회적으로, 경제적으로 한 번에 전 세계 에너지 시스템을 100% 재생에너지로 전환하는 것은 불가능합니다. 이러한 전환을 계획하고 개발하는 데 수년이 걸리는 크고 복잡하고 값비싼 시스템입니다. 점진적으로 확장되어야 합니다.

이때 가스는 재생에너지의 완벽한 파트너입니다. 가스는 탄소 중립 시스템으로의 여정을 크게 가속화하고 안전하게 해줄 수 있는 에너지원입니다. 가스만이 풍부함과 가용성, 효율성, 저장, 탄소 중립이 되는 기술적 능력의 조합을 가지고 있습니다.

글로벌 에너지 기업 경영진과 해외 정부기관 면담

IGU 회장은 가스 관련 산업의 세계적 대변인으로서 각국의 에너지 부처 장관이나 심지어 대통령, 글로벌 에너지 기업의 CEO와도 면담이 비교적 용이하다.

회장 재임기간 동안 만난 주요 인사는 Exxon Mobil, Chevron, Shell, Total, BP, Gazprom 등 글로벌 기업의 CEO, 방문했던 국가의 에너지 관련 장관, OPEC, IEA 등을 포함한 국제에너지기관과 환경단체 대표들을 거의 모두 만날 수 있었다.

이중 특히 인상적인 만남은 러시아 가즈프롬(Gazprom)의 Alexei Miller 회장이다. 그와의 면담은 국가원수 급 의전에 준하는 과정을 거치지만, 면담이 시작되면 약 30분간 회사 소개와 세계 가스시장 전망에 대해 통계 숫자를 인용하면서 거침없이 말하는 달변가이다.

습관적으로 면담 예정시간보다 1시간 정도의 지연은 당연한 것 같았다. Alexei Miller 회장은 영국에서 수학할 정도로 영어도 잘 구사할 수 있지만, 러시아어로 말하면서 통역을 대동하여 세계 가스 산업

제1인자의 위상을 과시하였다.

Alexei Miller 회장은 IGU의 가치를 높이 평가하면서 공개토론 시 항상 자기 옆사리에 나의 좌석을 배치해 주었다.

2019년 4월 칠레에서의 IGU 집행위원회 참석 때는 칠레의 환경부 장관과 에너지 장관을 별도로 만났는데, 에너지 장관 면담 시에는 아르헨티나 장관도 동석하였다. 칠레는 발전용 가스를 아르헨티나에서 파이프라인으로 수입하였는데 아르헨티나 국영석유회사인 YPF(Yacimientos Petrolíferos Fiscales)가 아무런 사전 통고 없

가즈프롬의 Miller 회장과의 회의 때 Miller 회장(오른쪽 중앙)

이 가스공급을 중단하였다.

이러한 사태를 조정하기 위하여 두 장관이 회동을 했는데 아마 IGU 회장으로서 나의 참석을 통해 두 나라의 약속을 견고하게 하려는 의도였던 것 같았다. 칠레와 아르헨티나는 인근 국가로 역사적으로 굴곡이 많았던 관계이다. 19세기 칠레가 북부 볼리비아 이타카마 지역의 자원을 쟁탈하고자 볼리비아와 전쟁할 동안 아르헨티나의 불간섭이 절대적으로 필요하였다. 아르헨티나와 인접하고 있는 칠레 남부지역을 양도하는 조건으로 아르헨티나의 불간섭을 합의하였다.

이 지역에서 발견된 가스를 지금 수입하고 있는 현실은 칠레 입장에서는 큰 이익이 없는 전쟁일 수도 있다. 자원을 빼앗긴 볼리비아는 남미 최빈국으로 전락되어 칠레와는 국교도 없는 앙숙이 되었고, 반면에 아르헨티나는 이 지역에서 생산되는 석유, 가스 자원으로 한때 남미 최대 부국이 되었다.

칠레 집행위원회 만찬장에서

아르헨티나 에너지 장관(가장 오른쪽)과 함께

전쟁의 결과로 두 나라는 원수지간이 되었고 아르헨티나만 득을 본 꼴이 되었다는 역사적 사실이 흥미롭다. 필자가 1년 동안 아르헨티나 에너지 장관을 세 차례 만났는데, 모두 다른 사람이었다는 것은 아르헨티나의 에너지 문제가 심각하다는 반증이라 생각된다.

Qatar의 석유 장관인 Saad Sherida al-Kaabi은 필자가 워싱턴에서 회장으로 취임한 직후 공식 면담을 시작으로 상해 LNG2019까지 두 번 만났다. 그는 세계 제일의 LNG 수출국인 Qatar의 석유상과 Qatar 국영석유회사 회장으로 명실상부하게 LNG 시장의 Rule maker로 자처해 왔다.

LNG 가격을 국제 석유 현물가격과 연계한 Oil indexed formula의 철저한 신봉자로 셰일가스(Shale gas) 등장에 의하여 확산되고 있는 천연가스 가격과 국제유가와 연동된 Hybrid 가격에 의한 계약을 아직 부정하고 있다. 모든 중동국가들은 국가의 재정 수입을 국제유가에 연동하여 집행하고 있기 때문이다.

그러나 미국의 셰일가스 영향력 확장에 따라 LNG가 세계적인 상품(global commodity)으로 도약하게 되면 그의 신념은 심각한 도전에 직면하게 될 것이다. 참고로 LNG($/MMbtu)의 가격은 에너지 열량으로 석유($/barrel)의 6분의 1이 석유 연동 가격 공식의 표준 수치이다. Qatar는 2028년 연간 생산량 1억 2천만 톤을 증산할 예정이며 이에 맞추어 LNG2026을 유치하였다.

이집트는 천연가스 수입국에서 대형 가스전인 Joher를 발견하는 바람에 수출국으로 반전하여 이스라엘과 함께 인근 지역 천연가스

카타르 장관과의 회의

이집트 장관(Tarek El Molla, 중앙)과 함께

시장을 크게 확장하고 있다. 이러한 배경에는 필자의 절친인 이집트 석유장관 Tarek과 IGU 중동 아프리카 지역 조정관인 Khalid의 열정적인 노력의 결과이다.

이런 만남에서 알게 된 생생한 정보는 각 나라와 기관의 정책과 방향을 예상할 수 있어 회장직 수행과 민감한 사안의 의사결정에도 큰 도움이 되었다. 어떤 정책이나 사안에 대해서 이미 서류화된 정보는 역사적 자료이며, 참고사항일 뿐이다. 종종 국내 에너지 관련 회사와 기관에서 서류화된 기록을 정책 수립의 핵심자료로 인용하는 것은 주식시장에서 신문을 보면서 주식 거래하는, 말하자면 투자에 있어서 막차를 타는 것과 다를 바 없다.

4장

팬데믹 시대의
IGU 버추얼 체계 전환과 위기관리

Pandemic Advisory Group(PAG) 운영

Covid19 Pandemic은 자연에 대한 인류의 오만함과 무절제에 대해 자연이 보낸 경고장이라는 시각도 있다. 제레미 리프킨(Jeremy Rifkin)은 2014년에 인류의 무절제한 자원 낭비가 기후변화를 가져왔고, 기후 위기는 생태계의 교란과 붕괴로 이어져 궁극적으로는 야생동물의 이동과 함께 바이러스가 창궐할 것이라고 예언하였다.

1900년대만 하더라도 인간이 사는 땅은 지구상의 14% 정도였으나 현재는 거의 77%에 달하고 있다. 이처럼 18세기 산업혁명 이후의 성장 지향적인 산업화, 자연 훼손 등으로 과거에 이루어져 왔던 자연과의 균형에서 점점 멀어지고 있다.

전문가들과 환경보호 활동가들에 의하면 산림 벌채로 인한 인간과 동물의 밀접한 접촉이 늘고 감염 위험이 높아진 탓에 최근 몇 년 동안 동물 매개 감염 질병이 급격히 늘어나 지난 50년 동안 네 배나 증가했다고 한다.

2019년 말의 Covid19로 인하여 흑사병만큼의 사망자는 아직 발생하지 않았으나 21세기의 역사를 바꿀 것이라는 사실은 분명하다. 어쩌면 21세기의 진정한 시작은 Covid19 발생 이후부터라고 기록될 수도 있다.

다시 말해 우리 삶에 있어서 새로운 변곡점이 되고 있다.

Covid19로 인한 가장 큰 변화는 사람 간의 접촉을 최소해야 하는 상황이라 비대면, 원격 문화가 확산되고 있고, 이러한 비상상황을 지원하기 위한 4차 산업혁명기술 기반의 디지털 전환이 오히려 가속화되고 있다. Covid19 대응과정에서 불가피하게 언택트(untact) 경험을 하면서 디지털 전환에 대한 혁신 저항이 약화되어 수년에 걸칠 수 있는 4차 산업혁명기술의 수용이 수개월내에 사회 속에 스며들었다.

또한 국가와 개인 간의 거리 유지를 위하여 자국 중심의 보호무역 강화 기조의 탈세계화 방향으로 정치 흐름이 바뀌고 있고, 크게는 미중(美中)의 무역 분쟁으로 글로벌 밸류 체인의 분열이 이루어지고 있다.

Covid19 Pandemic은 그동안 진행되고 있던 변화와 혁신, 특히 에너지 전환과 디지털 전환을 더욱 가속화시키면서 이미 진행 중인 기술변화의 촉매 역할을 하고 또한 추진을 더 강화하고 있다.

Covid19 Pandemic 극복을 위한 경기 부양책으로 주요 국가들은 에너지 전환과 디지털 전환을 활용하고 있다. 2020년 4월 EU의 15개 회원국 환경부 장관들은 그린 딜(Green Deal)을 활용해 Covid19 Pandemic을 극복해야 한다는 성명서를 발표한 바 있다. 그리고 그해 5월에는 EU 집행위원회가 Covid19 극복을 위한 '유럽회복계획(Recovery plan for Europe)' 초안을 발표하였다.

해당 계획의 핵심 주제는 에너지 전환(녹색 전환, 그린 전환)과 디지털 전환이다. 이후 7월에는 유럽연합회원국 정상들이 Covid19 극복을 위한 경제회복기금 조성에 합의하였다. 해당 기금의 지원 조건에는 '기후변화 대응'이 포함되어 있고, 경제회복기금 7.5천억 유로 중 30%는 환경과 관련 인프라에 투자될 것으로 예상된다. 유럽계 오일 메이저들의 에너지 전환에 대한 적극적인 태도도 EU의 지역 내 친환경 정책들이 영향을 미쳤다는 판단이다.

Covid19는 이미 글로벌 관습을 바꾸는 강력한 '게임 체인저(game changer)'가 되었다. 이번 Pandemic은 기존 메가트렌드와 충돌하는 과정에서 새로운 변화를 이끌며 세계 정치·경제의 지각을 흔들어 에너지 전환, 디지털 전환과 같은 메가트렌드에 강력한 충격을 가했다. 이러한 국가적인 정책 일환으로 EU에서는 '그린 딜(Green Deal)', 한국에서는 '한국판 뉴딜'이라는 산업의 디지털화와 그린 정책 아래 새로운 수요 창출과 경제의 지속적 발전을 위한 정책적 인센티브를 제공하여 내수 일자리와 글로벌 역량을 강화하고 있다.

한편 풍력과 태양광과 같은 재생에너지로의 에너지 전환이 진행됨에 따라서 우리 사회의 전기화가 심화되고 있다. 전력망의 전기화와 디지털화를 통하여 전력망의 효율성과 유연성 확보, 에너지 효율 향상, 탄소 배출량 감소와 에너지 공급의 안정성을 제고할 수 있을 것으로 기대된다. 이런 의미에서 21세기를 전기에너지의 전성시대라고 규정하는 학자들도 많다.

한편 IGU 내부 운영방식을 살펴보면 Covid19 Pandemic 이전에는 IGU 회원들 간에 직접 만나서 하는 회의는 상대방의 의안에 대한 반응을 지속적인 육감으로 감지하여 대응하므로 비교적 손쉽게 타협점을 찾을 수 있었다. 비록 극단적으로 대치된 상황에 이르게 되더라도 커피 타임 등으로 조정이 가능한 시간과 공간이 있었다.

그러나 Covid19 아래에서의 비대면 회의는 참여자 간의 의안에 대한 관심과 이해의 정도가 상이하고 의안 대치로 인한 극한 상황에 대한 해결책을 찾기가 난감한 경우가 많았다.

그리고 지구상에 시간대가 낮과 밤으로 각각 다른 회원들이 서로 공유할 수 있는 시간대는 아주 좁다. 통상 2일간 10시간씩 토론한 후에 결정하는 전통적인 IGU 회의 방식으로는 버추얼 시대에는 물리적으로 실현이 불가능하였다.

실제로 2020년 상반기 IGU 집행위원회 후원국인 체코는 Covid19 Pandemic 때문에 대면회의를 포기하였는데 그 당시 대안으로 Webinar와 같은 비대면 회의를 주관할 기술적 능력도 보편화되지 않아 집행위원회 자체를 취소하였다.

아무튼 이러한 전 세계적인 Pandemic은 IGU의 운영에도 많은 변화를 가져오게 하였다. 먼저 IGU의 연례행사인 집행위원회와 총회에 예전과는 다르게 회원과 집행위원들의 물리적 참석이 어려워졌고 또한 IGU 내부에서의 의사결정 과정도 Covid19 이전처럼 정기적으로 활발하게 이루어지기 어렵게 되었다.

물론 예정대로 WGC2021을 개최하는 계획에도 초청연사, 전시신청 회사 참가 불확실성 등의 심각한 문제점이 제기되고 있었다.

이를 타개하기 위하여 필자는 2020년 3월에 IGU 회장단과 운영위원회 회의에서 Pandemic Advisory Group(PAG)을 구성하자고 제안하였다. 또한 Pandemic 상황 아래에서의 IGU의 보다 엄격한 재정 상태를 관리하기 위하여 감사위원회(Audit Committee)와 긴밀히 협업하도록 지시하였다.

감사위원회는 사무국의 재정 상태와 경비운영을 체계화하고 제도화하기 위하여 필자가 주도적으로 설치하였다.

이면적 이유는 차기 회장인 중국 Li Yalan에게 좀 더 IGU 행정에 관심을 가지라는 촉구성의 메시지로 감사위원회 의장으로 Li Yalan을 지명하였다. 또한 회장이 감독하던 운영경비를 감사위원회에 이전하여 나의 행정적 부담을 경감하였다.

PAG 위원회는 2020년에는 6월부터 시작하여 2021년 2월까지 종

8회의 회의를 통하여 단기(2020), 중기(2021), 장기(2020-2024)별 과제를 제안하고 해산하였다. 때마침 Covid19 백신과 치료제 개발로 미국과 영국이 주도적으로 업무상 필수적인 해외 출장을 허용하면서 국제사회의 문이 점차 열리는 시점이었다.

PAG의 2020년의 단기 성과로는 Covid19 Pandemic 아래의 버추얼 집행위원회와 총회의 실시와 2020년 말의 회장 선거를 예정대로 집행했다는 것이다. 그리고 PAG의 가장 중요한 중기 과제는 WGC2021을 계획대로 2021년에 추진할 때 개최 가능성과 함께 주최국과 IGU의 재정적 손실을 평가하고 이러한 위험을 완화할 수 있는 대안적 방법을 도출하는 것이다.

WGC2021은 IGU의 가장 큰 행사로서 수익이 감소하거나 행사가 취소되는 경우 차기 중국 회장단과 런던 자립형 사무국 운영에 큰 영향을 미칠 수 있기 때문이다. WGC 행사 취소로 인한 IGU 재정의 수입 감소로 중국 회장의 순탄한 출발을 염려하여 중국이 WGC 연기 안에 동의한 측면도 있다.

1차적으로 PAG는 NOC(National Organization Committee, 조직위원회)와 긴밀히 협력하여 WGC 개최와 관련된 다양한 시나리오를 개발하였다. 이와 동시에 감사위원회는 시나리오별로 개최 시 예산 변동에서 발생하는 문제에 대해서도 토의하게 하였다. 결론적으로는 PAG의 활동으로 WGC2021을 2022년 5월에 개최하는 WGC2022로 성공적으로 1년 연기하는 결정을 이끌어냈다는 점에 있다.

또한 Pandemic 상황에서 IGU의 가스 산업 홍보 전략의 재설정과 IGU 위원회와 태스크포스의 재편성, 회원사 확대 등의 장기적인 과제에 대한 방안을 건의하였다.

버추얼 시대의 리더십과 WGC의 2022년 연기

IGU의 공식적인 WGC 연기 과정과 추진 전략은 앞서 설명하였지만, 필자는 몇 달 전부터 내부적으로 회장 지원팀과 IGU 행사 책임자인 호주 출신 Rodney Cox와 함께 면밀한 WGC 연기 전략 수립과 추진전략을 연구하였다. 한편 2019년 Covid19 Pandemic 상황하에서 WGC2021 행사의 실현 가능성에 대한 검토도 착수하였다.

Rodney Cox가 국제행사 전문가로 특히 전시 섭외가 전공이었다. 그는 전형적인 book smart가 아닌 street smart인데 개방적 성격으로 비교적 IGU 내 교류의 폭이 넓었다. 이러한 그의 장점이 나의 회장직 수행에 긍정적으로 작용되었다.

Terry와 함께 특정 의안에 대한 집행위원들의 분위기 탐색과 특히 동서양 간에 문화적·사회적으로 미묘한 상황에서 나의 언어 선택과 처신방법을 자주 조언해 주었다.

나와 대화할 때 그의 단골 메뉴는 선택은 결정자인 회장이 하지만, 사안에 대한 부정적 건의는 자기 업무이므로 양해해 달라는 것이다. 처음에는 그의 진의를 나의 의견과 달리도 진솔한 충고로 들었지만, 시간이 갈수록 예외적인 것도 있었다. 가끔은 IGU 이익보다 Rodney의 전직 직장인 행사전문회사 ETF(Exhibitions and Trade Fairs)의 이익을 대변할 때도 목격되었다. 그때마다 나의 직설적 견제로 긴장관계도 조성되었다. CEO는 직설적 화법도 동서양을 막론하고 구사할 수 있어야 된다고 믿는다. 전반적으로 그는 WGC 연기의 절대적 조력자였고 나와는 영어의 미묘한 뉘앙스도 가르쳐줄 정도로 친해졌다.

상해 LNG2019 행사장에서 첫 번째 발표자로 긴장하고 있었는데, 갑자기 필자가 무대로 등단할 때 "break leg!"이라고 속삭이듯이 말하였다. 발표가 끝난 후 돌아와서 당연히 물었는데 반어법으로 '잘해!'라는 영어식 속어였다. 영어의 'bad ass'도 저속한 말인 것 같지만 상남자의 속어이다.

성공적인 WGC 연기 계획 수립을 위하여 나는 에너지 전문가에서 바이러스(virus) 자료 수집가로 변신하여 CNN이 제공하는 모든 Covid19 특성과 Pandemic 예상 종료 시점에 온 신경을 집중하였다. 2020년에서 2021년의 모든 스포츠, 학회, 박람회 등 세계적 행사와 관련된 결정은 당사자의 선택이 아니라 Covid19 바이러스의 몫이었다.

Covid19 Pandemic이 진행될수록 희망보다는 절망의 순간이 많았고 일본의 올림픽이 2021년으로 순연되어서 무관중(無觀衆) 시합으로 올림픽 기록은 남았지만 엄청난 흥행 실패로 끝났다. 다행히 올림픽은 방송 수입으로 적자를 매울 수단이 있었지만 WGC2021의 무관중 행사는 그야말로 IGU와 주최국 한국 모두에게 참담한 적자와 실패로 끝날 것이 자명해 보였다.

IGU 총회와 집행위원회는 축소된 회의시간 때문에 회의의 횟수는 급격하게 늘었지만 비대면 회의의 특성상 의안에 대한 상호간의 이해 부족과 불만은 더욱 증폭되었다. 그리고 IGU 지도급 인사들은 재택근무(work from home) 때문에 자유시간이 많아져 회장에게 전달되는 이메일 횟수는 기하급수적으로 증가되어 회신 관리 불능 상태에 도달하였다.

세계적으로 모든 국제행사는 거의 취소되거나 기약 없이 연기되는 것이 대부분이었다. 일본의 2020 올림픽의 1년 연기 결정의 소식이 확산됨에 따라 WGC2021도 2022년으로 순연하는 것을 실무진과 상의하였다. 그때 당시 분위기는 WGC 행사를 예정대로 웹비나(Webinar) 형태로 진행할 수밖에 없는 상황이었다.

WGC 행사 주최 도시인 대구시는 전시관 증축을 위하여 3천억 원을 투자하였는데 활용도 하지 못하고 고스란히 시민에게 부채만 넘기는 모양이 될 처지에 놓였다. 또한 웹비나 방식의 WGC 개최를 하게 될 경우 이를 위한 막대한 통신장비 설치 투자가 추가적으로 필요하였다. 각국의 통신 수준도 다르기 때문에 문제가 발생할 경우 많은 대응 운영인력이 필요하므로 웹비나 식의 회의보다는 취소하는 것이 낫다고 판단할 지경까지 이르렀다.

IGU 내부에서는 WGC2021의 1년 연기가 당시에는 연계되어 있는 큰 IGU 행사가 많아서 구조적으로 불가능한 상태였다. 왜냐하면 2021년 6월부터 중국 회장 임기가 시작되고 2020년 후반기 총회에서 2024~2029년도 회장을 선출하는 일정으로 후보자가 이미 선거운동을 하고 있었다. 필자가 지역 지도자(Regional coordinator)로 임명한 이탈리아 Andrea Stegher와 콜롬비아의 Orlando Cabrales가 당사자이다.

IGU 회장 임기동안 WGC, LNG, IGRC 행사를 순차적으로 주관해야 하므로 한 행사의 순연은 도미노처럼 모든 행사를 순연하는 것으로 이어지기 때문이다. LNG 관련 행사로는 LNG2025는 Qartar로 확성되었을 뿐만 아니라 LNG2022의 개최지인 러시아 St.

Petersberg는 가즈프롬 중심으로 이미 행사를 위한 러시아 조직위원회가 가동되고 있어 1년 순연 시 막대한 예산이 추가적으로 지출되므로 절대 반대하는 입장이었다. IGRC2023도 같은 상황이었다.

이렇게 실타래처럼 얽히고설킨 난제를 풀기 위한 시도조차 불가능하였다. 이를 타개하기 위하여 나는 사무총장 Luis Bertran에게 1차적으로 WGC2021의 1년 순연 가능성을 타진하였는데, 예상외로 긍정적이었다. 연기 방안을 본격적으로 논의하기 위해서는 당사자인 한국 회장국보다는 사무국이 먼저 앞장서는 것이 모양으로 봐서 유리한 측면이 있다.

이에 용기를 얻어 직접 당사자인 중국 Li Yalan 부회장과 일본 올림픽 1년 연기를 예로 들면서 WGC2021의 1년 연기 불가피성을 강조하였다. 다행히도 Li Yalan 부회장은 타이완 회원 간 해결, 각종 중국 행사 참여 등에서 보여준 나의 헌신적 지원을 고려하여 나의 의견에 동의하였다. 그러면서도 중국의 3년 임기는 보장되어야 한다는 조건이었다. 당연한 주장이지만 미국과 유럽 회원국의 이에 대한 반대는 예상되었다.

마지막 수순으로 미국 전(前) 회장인 David Carroll은 완전한 동의는 아니지만, 다수가 지지하면 적극적 반대는 하지 않겠다는 입장을 중재자인 Terry를 통하여 전달 받은 후 필자가 David에게 직접 전화하여 동의에 대한 감사와 함께 앞으로 추진 전략을 논의하였다.

한편 Terry에게 다른 집행위원들에게도 WGC 순연에 대한 협조를 위한 접촉을 권유한 것은 물론이다. 모든 수순이 계획대로 진행되어 드디어 정식 안건으로 집행위원회 총회 순으로 상정하기 위하여 2020년 3월에 IGU 운영위원회 회의에서 Pandemic Advisory Group(PAG)을 구성하여 추진하기로 하였다.

IGU 정관상 WGC 행사 일정은 집행위원회의 찬성과 총회의 승인으로 확정되게 되어 있다. WGC의 1년 연기는 IGU 역사상 전례가 없어서 보다 체계적이고 합리적인 접근이 필요하였다. 그래서 Pandemic 기간 동안 IGU 정규 활동과 WGC를 포함한 각종 행사의 비상대책을 논의하기 위한 Pandemic Advisory Group(PAG) 설치를 긴급히 집행위원회와 총회에서 상정하여 승인을 받았다.

집행위원회와 총회에서 회장 자문기구인 PAG를 구태여 총회에서까지 승인할 필요가 없다는, WGC 연기를 반대하는 주장도 있었다. 그러나 PAG 결정의 중대성과 집행력을 강조하기 위하여 강력하게 설득하여 승인을 얻어낸 결과이다.

WGC 연기를 반대하는 그룹의 대표적 인물이 이탈리아 출신으로 2024~2027년 회장 후보인 Andrea Stegher였다. IGU 회장직으로 선출되면 직함은 다르지만 9년간 핵심 집행위원과 운영위원으로 봉사해야 하므로 이에 따른 경비는 WGC 유치국 또는 기관이 부담해야 한다는 조건이 유치 조건에 명확히 명시되어 있다.

추측하건대 Andrea Stegher의 소속기관인 이탈리아 가스배관망 회사인 Snam에서 연기로 늘어나는 1년 추가 지원은 어렵다는 통보를 받은 것 같았다. 다행히도 콜롬비아 출신 Orlando 후보는 어떤 결정도 따르겠다는 약속을 하였다.

사실 대부분의 유럽과 북미권 대표들은 아시아에서 한국에 이어 중국까지 6년간 회장직을 넘겨주는 것에 탐탁지 않는 분위기인데, 1년 연장하겠다는 것은 그들의 인내의 한계점을 드러내는 계기가 되었다. 7차례에 걸쳐서 토의된 WGC 연기에 관련된 주요 안건과 토의된 안은 다음과 같다.

① WGC2021이 WGC2022로 연기되면 중국 회장 임기의 1년간 단축

중국을 제외한 다른 회원들은 동의하였다. WGC2021 행사로 기증되는 재정으로 중국 회장의 사업을 추진해야 하므로 재정적인 이유 때문에 동의하였지만, 앞서 언급했듯이 본인 임기 단축은 절대 불가라고 주장하여 제외되었다.

② WGC2021 웹비나와 대면회의 병합한 Hybrid

앞서 설명했듯이 주최국과 IGU에세 실익이 없다는 이유로 제외.

③ 행사는 2022로 연기하면서 회장직은 2021년 6월에 예정대로 반납

Andrea Stegher와 유럽권에서 강력히 주장하였지만 WGC 행사 주관과 IGU 회장직을 동시에 부여한다는 내용이 명확하게 명시되어 있는 정관에 배치되었다. 이러한 정관의 배경은 회장이 주최국에서 NOC를 설립하고, 행사 진행을 총괄하고 회장 이름으로 연사를 초청하는 것이 가장 효과적이란 사실이 역사적으로 입증되었기 때문이다. 또한 11개 위원회에서 각 위원회 의장이 3년 동안 연구한 결과를 행사기간에 발표를 주관하는 IGU 전통을 유지할 수 없고, 2021~2022 기간은 11개 위원회는 두 개의 목적, 두 명의 의장으로 운영되는 양립될 수 없는 구조적 모순 때문에 외형상 그럴 듯하지만 실질적 운영이 불가능하다고 판명되어 제외.

④ WGC 2021년 6월을 2022년 5월로 순연하고 IGU 회장 선거 내부 절차는 예정대로 진행

이미 2020년 10월 총회에서 회장 선임을 위하여 출사표를 던진 두 후보에게는 일정 변경 없이 예정대로 진행하고 통상 선출 후 7개월간 공백이 1년 연기되면 19개월로 연장되므로 그 기간 동안 Incoming Vice President 직위와 집행위원과 운영위원 객원(observer) 자격을 부여한다는 안.

위의 4번째의 방안이 논란 끝에 최종적으로 결정되어 4년의 회장 재임 기간 동안 가장 큰 도전의 시간을 마무리하게 되었다. 또한 IGU 역사상 4년 임기 회장직을 처음으로 수행하게 되었다. 이 과정에서 얻게 된 교훈은 쟁점 타결 목적인 PAG 멤버 구성이 절대적으로 중요했다는 것이다.

PAG의 건의 내용을 집행위원회와 총회에서 순조롭게 승인받기 위하여 구성원들 간 쟁점에 대한 토의를 열심히 유도하여 집행위원회와 총회에서 예상되는 질문에 대한 해법을 줄 수 있는 역량을 갖춘 인물들로 구성하는 것이다.

그래서 Terry를 간사, 비교적 한국 회장에 비판적 의견을 종종 제시하지만 균형 감각이 있는 일본의 Satoshi Yoshida, 중립적인 호주의 Graeme Bethune, 노르웨이 전 사무총장 Parl Rasmussen, 유럽의 Marcel Kramer 등 7인으로 구성하였다.

두 회장 후보는 자기이익 충돌로 제외하였다. 이 과정에서 교환한 이메일 Inbox & Outbox 서신들을 보면 결정의 순간이 얼마나 험난했는지를 반증한다. Andrea Stegher가 나의 WGC 연기 계획은

IGU를 Conundrum(難문제, 수수께끼)으로 내몰 것이라는 협박성 문구를 보낼 정도로 험난한 시간을 보냈다.

Andrea Stegher의 Conundrum 관련 메일(2020.9.23)

As usual I am trying to put my professional experience and personal willingness to positively contribute in our discussions in a very transparent manner as I believe we are all benefitting from these exchanges.

I do recognize the need to move WGC in 2022. No doubt.

At the same time you are aware of the additional elements it is bringing along and the importance of avoiding potential "no" by the Council on some of the matters which will create a conundrum for all of us to solve.

I remain available to find constructive solutions in these challenging times.

참고로 WGC2022 개회식을 5월 25일로 정하는 것은 5월 10일 취임하는 신임 대통령의 WGC 개회식 참석을 통하여 외국 대기업 CEO들의 참석을 촉구하려는 의도였다.

결과적으로 계획대로 실현되었고 많은 발표자와 참석자들이 참가할 수 있는 상징적 동기 부여가 되었다.

러시아-우크라이나 전쟁과 LNG2023 개최지 변경

2014년 러시아의 크림반도 합병과 돈바스 전쟁으로 시작된 러시아와 우크라이나 간의 전쟁이 2022년 2월 24일 다시 시작되었다. 이번에는 유럽 내 천연가스 재고량이 최저인 시점에 세계 원유 생산 3위, 천연가스 생산 2위국인 러시아의 지위를 지렛대 삼아 유럽 국가들을 길들이기하고 있다.

20세기 말부터 미국은 유럽 국가들의 러시아 가스 의존도를 축소하기 위하여 노력하였지만, 최근의 러시아-우크라이나 사태에서 드러났듯이 천연가스 소비량의 3분의 1을 러시아에 의존하는 현실에서는 이런 노력이 한계가 있다.

한편 우크라이나는 소련연방 시절부터 러시아의 에너지를 유럽으로 수출하는 중요한 관문이었다. 그러나 1992년에 소련연방이 해체되면서 러시아와 우크라이나 간의 에너지 수송에 있어서 2006년, 2009년도에 갈등이 표출되었지만, 천연가스 공급 중단으로 유럽이 에너지 위기까지 겪은 적은 없었다.

한편 북해 유전의 고갈이 다가옴에 따라서 유럽이 에너지 안보 강화에 대한 노력은 북해 지역의 풍력과 북부 아프리카와 중동지역을 연계한 재생에너지와 수소 개발 등을 통하여 꾸준히 계속해오고 있다.

그러나 2022년 현재 유럽연합은 에너지의 해외 의존도는 아직도 매우 높다. 유럽 국가들이 총 소비하는 가스의 90%, 석유 제품의 97%를 수입에 의존하고 있으며 특히 러시아로부터 원유의 25%, 천연가스의 40%를 수입하고 있다. 바로 이런 에너지 수입 불균형으로 인하여 러시아가 언제든지 유럽을 상대로 에너지를 무기화할 수 있는 빌미가 되어 왔다.

유럽 내 가스 파이프라인 네트워크 현황
자료 : BBC(2022)

에너지는 경제성, 안전성, 환경성, 그리고 안보 측면에서 조망해야 한다. 러시아산 석유와 천연가스를 바라보는 유럽 내의 시각도 서유럽, 동유럽의 시각차가 존재함을 알 수 있다. 예를 들면 구(舊)소련으로부터 독립한 동유럽 국가들은 에너지의 안보 성향을 중시하면 반면, 러시아로부터 멀리 위치해 있는 서유럽 국가들은 에너지의 경제성을 중시하는 경향이 있다. 이를테면 독일은 탈(脫)탄소·탈(脫)원전 정책을 추진하면서 천연가스가 절실하다는 점에서 미국 및 동유럽 국가들과 마찰을 일으키면서까지 노드스트림2의 건설을 강력하게 추진해 온 점을 통해서 알 수 있다.

노드스트림2 프로젝트는 이미 공사가 완료되었으나 독일 정부는 아직 상업 운영을 승인하지 않고 있다. 이 프로젝트를 통해서 독일과 러시아는 가스 허브를 형성하여 북서부 유럽의 가스시장을 공략하려는 전략이 맞아떨어졌기 때문이다.

이번 러시아-우크라이나 사태로 유럽을 포함한 전 세계의 에너지 수입국은 연료비 급등으로 물가 불안정을 겪고 있으며 특히 유럽 국가들도 여론 악화로 정부에 부담이 되고 있다. 이는 러시아가 원하는 결과이기도 하다. 이번 러시아-우크라이나 사태로 유럽은 에너지 전환과 에너지 안보 정책을 더욱 가속화할 것으로 예상된다.

과거 1차 오일쇼크 이후 세계 각국은 중동산 석유 의존도를 낮추기 위해서 중동 이외 지역에서의 석유개발 확대와 석유 아닌 원자력을 비롯한 대체 에너지 개발에 주력했던 경험이 있다. 이런 과거의 경험으로 미루어볼 때 단기적으로 특히 유럽 국가들은 러시아산 에너지로부터 독립하기 위해서 미국을 위시한 중동국가들과 LNG 밸류 체인에 걸친 사업들이 적극 추진될 것으로 예상된다.

장기적으로는 유럽 근처의 북부 아프리카, 중동 지역과의 재생에너지를 활용한 전력망과 수소망을 연계해서 대권역 내에서의 에너지 안보를 강화하는 전략을 펼칠 것으로 예상된다.

한편 2022년 8월 현재까지도 미국과 유럽을 중심으로 한 러시아에 대한 경제 제재가 진행되고 있다. 그동안 러시아와 우크라이나는 IGU 내에서는 상호 우호적인 회원국으로서 돈독한 관계를 유지하고 있었다. 러시아의 IGU 정회원인 가즈프롬은 집행위원이고, 우크라이나도 정회원이다.

러시아-우크라이나 갈등으로 인한 세계적인 제재 분위기는 필자가 대회 의장으로 속해 있는 러시아 St. Petersburg에서 개최 예정인 LNG 2023 가즈프롬을 포함한 단체까지 회원 정지, 심지어는 퇴출까지 주장하였다.

러시아 천연가스 산업의 영향력과 전쟁의 단기성을 고려하여 회원 정지 결정으로 IGU의 국제적 제재 동참의 문제는 일단락되었다. 그러나 2023년 개최를 목전에 둔 IGU 주요 행사의 주최국 변경에 대한 대안은 쉽지 않았다.

우선 가장 쉬운 대안은 LNG2026의 주최국인 Qatar에게 조기 개최를 요청하는 것이었지만, 캐나다를 포함한 북미 국가들의 반대와 Qatar 내부사정인 2022년 월드컵 개최와 Covid19 확산 가능을 이유로 무산되었다.

LNG2023 개최 건은 IGU 내부에서 결정하는 것이 아니고 좀 색다른 방법으로 결정해왔다. LNG 개최권 결정의 지분은 GTI(가스기술연구소), IIR(International Institute Refrigeration, 국제냉동학회), IGU가 3분의 1씩 동등하게 가지고 있어 2단체 이상만 합의하면 되는 단순 구조이다.

그리하여 공모 후 1차 선정 결과 네덜란드와 캐나다 두 국가가 최종 후보가 되었다. 프랑스 파리에 본부를 둔 IIR은 내심으로 네덜란드를 지지하였고 미국에 있는 GTI는 캐나다를 강력하게 추천하는 상황이었다. 두 회원국 모두 IGU 내 영향력 또한 막강한 집행위원 국가로서 중국의 Li Yalan 부회장은 최근 중국과 캐나다의 외교적 갈등으로 네덜란드 지지를 요청하는 상황에서 회장인 필자의 결정은 조심스러웠다.

재정 수입에 막대한 영향을 주는 행사이기 때문에 어느 나라가 더 많은 기여금을 IGU에 낼 수 있는지 여부가 결정적 요소이다. Public Event 팀장인 Rodney가 주도하는 경제성 분석에는 재정 수입에는 캐나다가 유리하다는 결과를 제출하여 캐나다는 LNG2023, IGRC2024를 동시에 개최하는 IGU 역사상 처음이며 Covid19 Pandemic과 러시아-우크라이나 전쟁이 아니면 도무지 발생할 수 없는 이변의 기록을 세웠다.

아무튼 필자는 개최지 변경에 관계없이 LNG2023 행사 운영위원회(Steering Committee) 위원장이라 2023년 7월까지는 바쁜 일정을 소화해야 할 것 같다.

5장

WGC2022의 성공적인 개최

WGC2022의 행사 준비

2021년을 넘기고 2022년에는 IGU 회장 임기 마지막 해이므로 우선적으로 WGC 행사, 특히 프로그램 발표자(Program Speaker)를 확정하는 노력에 집중하였다.

WGC유치국 여건에 따라 WGC 주관의 주체에 대한 약간의 차이는 있지만, 정관에 아래와 같이 IGU와 유치국 계약에 명확히 회장이 NOC(National Organizing Committee, 조직위원회)를 설립한다(establish)는 조항이 명시되어 있다.

그러나 이러한 조항은 무시된 채 NOC가 설립된 후 중간에 필자가 취임하게 되어 이 체제를 다시 돌리기는 거의 불가능하였다. 우여곡절 끝에 조직위원장은 전시장 행사에 관련된 모든 업무를 관장하고 회장은 WGC 발표 행사를 총괄하는 2원 추진체제로 합의하였다.

세계적으로 2021년 12월 WPC, 2022년 3월에 CERAWeek을 대면회의로 개최하게 되어 필자는 비교적 일찍이 여행 제한을 푼 미국 휴스턴을 방문할 수 있었다. 물론 세계적으로 Covid19 Pandemic의 또 다른 변이 Delta에서 Omicron으로 주종이 교체되는 시기였다. 물론 출입국 시 PCR 검사가 필수적이다.

필자는 2021년 6월부터 스페인 바르셀로나, 영국 런던, 미국 워싱

Organizing

a) Comply with the IGU Articles of Associations relevant for the Presidency and the Host of the WGC. The President shall among other duties:

• Chair the meetings of the Management Team, Executive Committee and Council;

• Chair and manage the WGC in 2021

• Speak at conferences and events organized by IGU and other relevant organisations;

• Nominate a Chair of the Coordination Committee who shall then nominate the Secretary of the Coordination Committee;

b) Establish a National Organizing Committee(NOC) responsible for the organisation of the conference and exhibition. The Chair of the NOC shall regularly inform the IGU Executive Committee(EXC) and Council of the planning of the conference and exhibition in the period leading up to the time when the WGC take place;

IGU 정관의 NOC 관련 규정

턴, 러시아 St. Petersberg를 방문하였기 때문에 코는 30차례 이상 면봉 공격을 받았다.

검사 때마다 불편과 양성 판정 시 객지에서 격리될 수 있다는 긴장의 시간이었지만, 양대 행사에서의 대면으로 만난 초청 인사들은 거의 모두 WGC2022에 참석해서 출장 성과는 성공적이었다.

가장 아쉽게 참석이 불발된 인사는 Daniel Yergin 박사였는데 필자와는 10차례 각종 행사에서 교류하고 워싱턴의 Daniel Yergin 박사의 사무실에서 면담으로도 참석을 확약했지만 IHS Markit이 S&P로 병합되어 WGC와 같은 기간에 개최된 Davos Forum의 S&P 에너지 발표자로 지명되어 불참하였다.

그렇지만 Daniel Yergin 박사는 여러 경로로 참석의 불가피함을 전해 와서 아쉽지만 이유 있는 불참이란 점을 이해했다.

참고로 S&P(Standard & Poors) 평가 전문회사는 에너지 전환기에 글로벌 에너지 회사들의 M&A를 예측하고 세계 에너지 기업의 자원보유 현황 자료를 대량 소유하고 있어서 IHS Markit를 미화 400억 달러에 인수하였다.

IRENA(International Renewable Energy Agency, 국제재생에너지기구)는 Climate Change의 거대 담론(paradigm) 분위기에서는 IGU와 같은 화석연료협회는 접근조차 어려워서, 신재생에너지와 동반적 관계 설정은 대외적으로 큰 상징적 의미가 있다. 스페인 출신의 IRENA 사무총장인 Francesco La Camera과 UAE의 Abu Dhabi에서 개최된 Gulf Inteligence Forum에서 같은 프로그램 패널로 참석하여 가스는 재생에너지 성장의 방해자가 아닌 조력자라는 점을 강조하였다. 그는 필자의 의견에 동의하고 WGC2022의 참석도 수락하였으나 행사 직전에 불참을 통보받았다.

가스 산업 성장에 가장 큰 걸림돌은 가스 생산, 정제, 수송, 판매, 이용의 전 과정에서 천연가스의 주성분인 메탄이 누출된다는 것이다. 글로벌 가스회사인 Shell, BP 주도로 Methane Guiding

Principle을 창설하여 메탄 누출을 획기적으로 감소하겠다고 선언하였다. 필자의 임기 중 IGU에도 회원으로 가입하여 정기적으로 모임에 참석하고 WGC2022 행사에 전시관도 무료로 제공하였다.

Methane Guiding Principle 정기모임에서 전문성과 발표력이 탁월한 두 분을 목격하여 적극적으로 접근하였다. 이 분들을 WGC 연사로 초청하면 행사의 격을 높일 수 있음을 확신하였다. 계속되는 Covid19 Pandemic과 Ukraine 전쟁으로 결국은 참석이 불발되었지만, 기록을 위하여 소개하고자 한다.

OGCI CEO인 인도 태생의 Pratima Rangarrajan 박사는 MIT 공학, Stanford MBA를 취득한 여성으로 탁월한 주제 파악 능력, 논리 전개력으로 에너지산업의 성장에 크게 기여할 것으로 확신한다. UN 환경계획 총책임자인 Mark Madka 박사는 Harvard, Stanford 학위의 화려한 경력 소지자이지만, 발표 때 조용한 설득력으로 분위기를 장악하였다.

두 분 모두 필자의 WGC2022 연사 초청에 선뜻 승낙했지만, Pandemic과 우크라이나 전쟁으로 불참하여 WGC2022 무대에서 그들의 빈 자리가 매우 아쉬웠다.

이렇게 행사를 목전에 두고서 폭풍처럼 중요한 연사들의 불참 통보는 나의 4년 동안 공든 탑이 무너지고 있는 것처럼 의욕이 저하되었다. 그러나 끝까지 최선을 다하자는 각오로 불참 연사들에 대한 대처 방안을 수립하고자 프로그램 책임자인 강정욱 박사팀과 연일 회의를 통해서 하부 프로그램 축소, 현안토론 참여자를 기조연설자(Plenary Speaker)로 승격, 기조연설의 축소 운영 등으로 비상계획(Contingency Plan)을 세웠다.

Plan A 수립 시 Plan B의 마련은 절대적이다.

WGC 행사와 같은 규모의 대형 프로젝트를 준비하는 데 있어 "The plan is not a plan without plan B"라는 영어 표현처럼 지나친 철저함은 결코 과하지 않다고 생각한다.

2022년에 들어와서도 Covid19의 치명률은 약해졌지만 여전히 만연되어 있었고 설상가상으로 2022년 2월 러시아-우크라이나 전쟁 발발은 WEC2022 행사는 물론 행사기간에 나의 회장 임기 중에는 마지막으로 진행되는 IGU 집행위원회와 총회 개최에도 큰 걸림돌이었다. 이를 계기로 IGU 집행위원들은 화상회의와 대면회의를 병합한 Hybrid 방식의 IGU 집행위원회와 총회 진행을 요청하였지만 대면회의 방식으로 강행하기로 확정하였다.

WGC 행사에도 Venture Global, Gazprom, Novatech, 중국 국영회사 등은 자국의 방역정책, 국제적 경제 제재, 실익(實益) 감소 등 불참의 파도에 강도를 더하고 있었다. 또한 WGC의 주(主)후원회사인 한국가스공사도 Hybrid 형태의 행사 주관을 권유하는 지경이었다.

그러나 나는 Hybrid 형태의 WGC 주관은 흥행 면이나 행사 참석자 수 측면에서 참담한 실패가 될 수 있다고 설득하면서 강력히 대면회의만의 진행을 고집하였다. 결과적으로 나의 대면행사의 주장이 60억 원 이상의 재정적 수익과 수준 높은 발표와 예상 밖의 등록 참석자를 기록한 WGC2022의 성공적인 개최에 적지 않은 도움이 되었다고 생각한다.

어정쩡한 주저함보다는 실패를 경험하라는 선각자의 말씀이 있듯이 여러 방안의 철저한 검토 후 확신이 서면 강력히 추진하는 것도 불확실한 상황을 극복하는 실질적 대처방안이 될 수 있었다.

논란 중이었던 행사 방식이 WGC2022의 대면행사와 IGU 집행위원회, 총회의 대면 회의로 확정되자 3월말부터 등록을 망설이던 외국인 등록자 수가 획기적으로 증가하게 되었던 것이다.

WGC2022 행사 준비를 미친 후

WGC2022 기조연설 발표 수락 후 불참 인사

[컨퍼런스/1일차] 5월 24일(화)

▷ 모두대화(11:45~12:30): A Sustainable Future in Energy
- 좌장: IHS Markit 부회장 (Mr. Daniel Yergin)

▷ 오찬발표1(12:30~13:45): How Does Gas Stay Competitive in the Future Energy System?
- 패널: IEA 사무총장 (Mr. Fatih Birol)

▷ 기조발표1(13:45~15:00): Narratives for the Evolution of the Global Gas Market
- 좌장: 일본 사사가와 평화재단 고문 (Nobuo Tanaka)
- 패널: 카타르 QP CEO (H.E.Saad Sherida Al-Kaabi)
  ExxonMobil CEO (Darren Woods)
  쉐브론 CEO (Mr. Mike K. Wirth)
  CNPC CEO (Mr. Dai Houliang)

▷ 기조발표2(15:00~16:15): Market Growth Enablers in the Gas Industry
- 좌장: 네덜란드 Clingendael (에너지 싱크탱크) 기관장 (Ms. Coby van der Linde)
- 패널: Gazprom CEO (Mr. Alexey Miller)
  Petronas CEO (Mr. Tengku Taufik)
  Cheniere Energy CEO (Mr. Jack Fusco)

[컨퍼런스/2일차] 5월 25일(수)

▷기조발표3(09:30~10:45): The Emerging Transportation Ecosystem

- 좌장: OGCI 기후 투자기관 CEO (Ms. Pratima Rangarajan)
- 패널: 가삼현 한국조선해양 대표이사
  이탈리아 Snam CEO (Mr. Marco Alverà)
  노르웨이 석유에너지장관 (Ms. Tina Bru)
  국제재생에너지기구(IRENA) 사무총장 (Mr. Francesco la Camera)
  토탈 가스·신재생에너지·전력분야 사장 (Mr. Stephane Michel)

▷오찬발표2(12:30~13:45): The Impact of Sustainability in the Maritime Industry

▷기조발표4(13:45~15:00): Digital Technologies Transforming the Gas Industry

- 좌장: IHS Markit 부회장 (Mr. Daniel Yergin)
- 패널: 노르웨이 Equinor CEO (Mr. Anders Opedal)
  Uniper CEO (Mr. Klaus-Dieter Maubach)

[컨퍼런스/3일차] 5월 26일(목)

▷기조발표5(09:30~10:45): Future Growth of the Asian Gas Market

- 패널: Novatek CEO (Mr. Leonid Mikhelson)

PTT CEO (Mr. Auttapol Rerkpiboon)
Gail CEO (Mr. Manjo Jain)

▷오찬발표3(12:30~13:45): Financing Infrastructure and the Emergence of'Green Finance'

- 좌장: OGCI 기후 투자기관 CEO (Ms. Pratima Rangarajan)
- 패널: 세계은행 인프라 분야 부사장 (Mr. Riccardo Puliti)

▷기조발표6(13:45~15:00): Innovation and Technology in a Sustainable Energy Future

- 좌장: 채텀 하우스 특훈교수 (Mr. Paul Stevens)
- 패널: 김영훈 대성그룹 회장
  유엔환경계획 Head (Mr. Mark Radka)
  환경 보호기금 회장 (Mr. Fred Krupp)
  호주 자원장관 (Mr. Keith Pitt MP)

[컨퍼런스/4일차] 5월 27일 (금)

▷기조발표7(09:30-10:45): Role of Gas to Drive Economic Growth and Mitigate Energy Poverty

- 패널: 아프리카개발은행 회장 (Mr. Akinwumi Adesina)
  스페인 Naturgy CEO (Mr. Francisco Massanet)

▷오찬발표4(12:30~13:45): Finance and the Implementation of the Paris Agreement : The AIIB Perspective

- 패널: 아시아인프라투자은행(AIIB) 총재 (Mr. Jin Liqun)

WGC2022의 성공적 개최

2022년 5월 24일(화)에 제28차 세계가스총회가 '천연가스 기반의 지속가능한 미래(A Sustainable Future; Powered by Gas)'라는 주제로 막을 올렸다. 행사 직전에 윤 대통령께서 주요 연사와 국내외 대기업 CEO 만남을 요청하여 필자의 안내로 환담의 시간을 가졌다. 윤 대통령과의 10분 정도 짧은 만남이었지만 대통령께서 IGU 회장이 한국인이라 자랑스럽다는 말씀이 큰 격려가 되었다.

또한 국가원수의 IGU 기구에 대한 관심과 더불어 WGC 개막식의 직접 참석과 환영사는 WGC2022의 격을 대내외에 획기적으로 격상하는 상징적 의미가 있었다.

주요 내빈으로는 반기문 전 UN 사무총장, 권영진 대구시장, IMO 임기택 사무총장 각국 각료와 세계 석유·가스 메이저 기업 CEO, 가스 관련업계 관계자 등 1,700여 명이 참가하였고, 80개국 460개의 글로벌 기업과 8,800여 명이 방문하였다.

특히 WGC 개막식의 환영사에서 윤 대통령은 우리나라는 원전, 가스, 신재생에너지의 3대 에너지를 국내 에너지 믹스의 근간으로 하겠다는 발표는 많은 국내외 참석자의 공감을 얻었고, 가장 현실적으로 실현가능한 정책이라 판단된다. 개회식 직후 진행된 첫 기조연설은

WGC2022 개회식 연설

WGC2022 개최 축사 (윤석열 대통령)

반기문 전 UN 사무총장이 맡아 기후변화에 대한 행동의 시급성에 대하여 강조하였다.

또한 WGC 중심 발표장에서 세계적 전문가들은 2022년 2월에 일어난 러시아-우크라이나 간 전쟁으로 인한 석유, 가스를 포함한 국제 원자재 가격의 폭등에 따른 전 세계 경제의 불안성과 에너지 위기, 공급 안정성에 대한 논의도 이루어졌다. 에너지 문제는 정치적 이해관계에 따라 왜곡되어 세계경제를 퇴행시키는 원인이 되어서는 안 된다는 견해도 목격되었다.

이번 행사를 통하여 천연가스뿐만 아니라 신재생가스, 바이오가스, 수소의 확장성을 포함한 글로벌 에너지산업 전반에 대한 기조발표, 오찬발표, 현안토론, 산업통찰, 기술혁신의 컨퍼런스에서 심도 있는 토론을 할 수 있는 기회를 갖게 되었다. 4일간의 컨퍼런스와 전시회가 성황리에 이루어지고, 5월 27일(금)에 폐막식을 진행하였다.

폐막식에서는 차기 제29회 WGC 총회가 2025년 5월 중국 베이징에서 열릴 예정인데, 이와 관련하여 베이징 가스총회 조직위원회도 폐회식에 함께 참여하였다.

대구경북연구원이 WGC2022 개최의 대구지역 경제파급 효과를 분석한 결과에 의하면 WGC2022 조직위원회·대구시 예산과 참가자 소비 지출의 파급효과와 생산 유발효과 1,181억 원, 부가가치 유발효과 544억 원, 취업 유발효과 1,543명, 회의실 건립(Exco 제2전시장)은 생산 유발 효과 3,651억 원, 부가가치 유발효과 1,540억, 취업 유발효과 2,908명으로 나타났다.

WGC2020 개막식 연설 (2022.5.24)

안녕하세요. 강주명입니다.

Good morning, Ladies and Gentlemen.

Welcome to Korea and my homeland, welcome to Daegu and welcome to the World Gas Conference.

It is a great honour to open our long-awaited in person conference, and address this distinguished audience, specially his excellency President Mister Yoon Suk-yeol.

It has been a long journey for all of us to get here today which goes beyond the miles travelled. We were meant to be in Daegu at this time last year. However, the pandemic impacted very aspect of human society as well as our industry, and the necessary decision was made to postpone the conference.

Today, while still vigilant, and we are moving on from the global health crisis, there is another human tragedy unfolding.

I never thought that I will be opening the WGC, while there is an armed conflict on the European continent and global energy and commodity crises. Those events are putting new pressures on the economies and on people who have just about started to recover from the hardships of COVID lockdowns.

It makes our gathering here this week very important, and this is not the place to dwell on the problems, but to discuss and offer solutions.

The gas industry now faces a vast task of ensuring continued

좋은 아침입니다. 신사 숙녀 여러분.
저의 조국인 한국, 그리고 대구와 세계가스총회에 오신 것을 환영합니다.
오랫동안 기다려 온 대면회의를 열고 귀한 청중들, 특히 윤석열 대통령님께서 연설을 하게 된 것을 영광으로 생각합니다.

오늘 우리 모두가 여기까지 오게 된 것은 여행 마일리지 이상의 긴 여정이었습니다. 우리는 작년 이맘 때 대구에 있을 예정이었습니다. 그러나 Covid19 Pandemic은 우리 가스 산업뿐만 아니라 인류 사회의 모든 면에 영향을 끼쳤고 또한 WGC도 연기하기로 결정했습니다.

우리는 여전히 경계를 늦추지 않고 전 세계의 보건 위기 속에 서 있지만 또 다른 인류의 비극이 펼쳐지고 있습니다.
유럽 대륙에서는 무력 충돌이 일어나서 글로벌 에너지와 원자재 위기가 있는 상황에서 저는 WGC가 개최될 수 있으리라 감히 생각하지도 못했습니다.
이 사건은 Covid19 락다운의 어려움에서 이제 막 회복하기 시작한 사람들과 경제에 새로운 부담을 가하고 있습니다.
이렇게 이번 주에 이곳에 모이는 것은 매우 중요합니다. 여기서는 문제에 대해 고민하는 자리가 아니라 토론하고 해결책을 제시하는 자리입니다.
가스 산업은 이제 가스시장의 지속적이고 안정적인 기능을 보장하고 전

reliable functioning of the gas markets and secure supply to consumers in all corners of the world.

And looking back at the extraordinary times our industry navigated over the last four years, I have full confidence that our capable people will succeed in this task. The gas industry will continue showing amazing flexibility, resilience, and dedication to keep ensuring the global gas value chain is a force for good, as it has been: improving lives, heating homes, and fuelling businesses.

Despite the significant changes over the past four years, the theme of this conference is most relevant and appropriate today.

This week, let us really work to chart the next steps toward a secure "sustainable future, powered by gas."

Ladies and gentlemen,

The UN Intergovernmental Panel on Climate Change recently confirmed that global greenhouse gas emissions would have to peak before 2025 at the latest, and be reduced by 43 per cent by 2030 to limit global warming to 1.5 °C.

Within this context, the world is looking to us to answer the energy crisis, and at the same time questioning our role in the long-term sustainable energy future.

The solutions we offer will have to address all vectors of

세계 소비자에게 안정적으로 공급해야 하는 거대한 과제에 직면해 있습니다.

그리고 지난 4년 동안 우리 가스업계가 이룩한 시간을 돌이켜보면, 저는 우리의 유능한 사람들이 이 과업을 성공하게 할 것이라고 전적으로 확신합니다.

가스 산업은 지속적인 유연성, 탄력성과 헌신을 통해서 글로벌 가스 산업 가치 사슬이 인류의 삶의 질 향상, 주택 난방과 사업체 연료 공급과 같이 공동선을 위한 힘이 되도록 할 것입니다.

지난 4년 동안의 큰 변화에도 불구하고 이번 컨퍼런스의 주제는 오늘날의 현실과 가장 관련 있고 적절합니다.

이번 주에는 '가스 기반의 지속가능한 미래(Sustainable future, powered by gas)'를 향한 다음 단계를 만들기 위해 노력합시다.

신사 숙녀 여러분,

유엔기후변화에 관한 정부 간 패널은 최근 지구 온난화를 1.5°C로 제한하기 위해 전 세계 온실가스 배출량이 늦어도 2025년 이전에 정점에 도달하고 2030년까지 43% 감소해야 한다고 선언하였습니다.

이러한 맥락에서 세계는 에너지 위기에 대한 답을 찾는 동시에 장기적으로 지속가능한 에너지 미래에서 우리의 역할에 의문을 제기하고 있습니다.

우리가 제공하는 솔루션은 에너지 안보와 경제성장에서 세게기 에너지

the challenge, from energy security and economic growth to getting the world back on track of the energy transition journey.

Developing countries have been looking favorably at natural gas as a way to complement renewables, decommission coal, switch oil-burning power plants to gas and vehicles that run on compressed natural gas.

I have heard many times in Africa and Asia, "we are committed to transition, but we must define our own transition."

The lack of capital investments in future natural gas projects does not lead us to an energy transition, but instead intensifies a crisis.

The technology race to decarbonize should not go away, but it now has to work in tandem with the race to ensure reliable, secure and affordable energy access. Advanced technologies will be critical to mitigating climate change and improving energy security. That is why our member companies are continuously working on a portfolio of natural, and decarbonized and renewable gases which will be the foundation of a more sustainable global energy system.

Our industry is also increasingly becoming more diversified energy players through investments in renewables; carbon capture, utilization, and storage; and hydrogen and will bring

전환 여정의 궤도에 다시 오르도록 하는 것까지 모든 측면에서의 해답을 제시해야 합니다.

개발도상국은 천연가스를 재생에너지의 보완, 석탄 발전의 폐기, 석유 연소 발전소의 전환, 압축 천연가스 차량으로 전환 등을 실행하기 위한 에너지로서 호의적으로 바라보고 있습니다.

저는 아프리카와 아시아에서 "우리는 전환을 위해 최선을 다하고 있지만, 우리 자신의 전환을 정의해야 합니다(We are committed to transition, but we must define our own transition.)"라는 말을 많이 들었습니다.

미래의 천연가스 프로젝트에 대한 자본 투자의 부족은 우리를 에너지 전환으로 이끄는 것이 아니라 오히려 위기를 심화시킵니다.

탈(脫)탄소화를 위한 기술경쟁은 사라지지 않아야 하지만 이제는 안정적이고 안전하며 저렴한 에너지 접근을 보장하기 위한 경쟁과 함께 작동해야 합니다. 첨단기술은 기후변화를 완화하고 에너지 안보를 개선하는 데 중요합니다.

이것이 바로 회원사들이 보다 지속가능한 글로벌 에너지 시스템의 기초가 될 천연가스, 탈(脫)탄소 및 재생 가능한 가스 포트폴리오에 대해 지속적으로 노력하는 이유입니다.

우리 산업은 또한 재생에너지에 대한 투자를 통해 점점 더 다양한 에너지 기업이 되고 있습니다. 탄소 포집·활용 및 저장기술(CCUS)과 수소는 우리의 전문성을 세계에 전할 것입니다.

our expertise to the world.

Ladies and gentlemen,

Importantly, our role in the transition comes with a responsibility. We must continue our concerted efforts to minimize methane emissions along the entire gas value chain. This is a challenge our industry is meeting and will continue to do so. I recognize that starting points can be different across the world and that solutions are also different.

So, to conclude, I am delighted to welcome you to our World Gas Conference. At the IGU, we are committed to be part of the solution to one of the great challenges to humanity's progress.

There are big questions for us to address, and I hope - solutions for us to discover.

Lastly, on behalf of IGU, we are deeply honored by his excellency Mr. President Yoon Suk-Yeol's presence at this event.

Again, welcome to the 28thWorldGasConference. Thanks!

감사합니다.

신사 숙녀 여러분,

중요한 점은 에너지 전환에 있어서 우리의 역할에는 책임이 따른다는 것입니다. 우리는 전체 가스 가치 사슬에서 메탄 배출을 최소화하기 위한 공동의 노력을 계속해야 합니다. 이것은 우리 가스업계가 직면하고 있는 도전이며 앞으로도 계속될 것입니다. 저는 출발점이 전 세계적으로 다를 수 있고 해결책도 다르다는 것을 알고 있습니다.

마지막으로 세계가스총회에 오신 것을 환영합니다. IGU에서 우리는 인류의 발전에 대한 큰 도전 중 하나에 대한 솔루션의 일부가 되기 위해 최선을 다하고 있습니다.

우리가 해결해야 할 큰 질문이 있으며, 우리가 발견할 솔루션이 있기를 바랍니다.

마지막으로 IGU를 대표하여 이 자리를 빛내주신 윤석열 대통령님의 각별한 참석에 깊은 영광을 돌립니다.

다시 한 번, 제28차 세계가스회의에 오신 것을 환영합니다.

감사합니다.

WGC2022 폐막식 연설 (2022.5.27)

WGC2022 폐막식 연설

Good afternoon, ladies and gentlemen, distinguished guests, and dear IGU family,

It's time to close the WGC2022.

It has been an honor and a privilege to be here with all of you during an important week of dialogue, critical debate, and impactful conclusions.

I am humbled to have had the opportunity to share this stage with such eminent people from different parts of the international energy industry, government, civil society,

WGC2022 폐막식과 함께 중국으로 회장직 인계

안녕하십니까, 신사 숙녀 여러분, 내외 귀빈 그리고 사랑하는 IGU 가족 여러분, WGC2022를 폐막할 시간입니다.

한 주간의 중요한 대화, 건설적인 토론, 그리고 영향력 있는 결론에 여러분 모두와 함께 할 수 있어 영광이었습니다.

국제 에너지 산업계, 정부, 시민 사회, 기업, 학계의 저명한 분들과 이 무대를 함께 할 수 있는 기회를 갖게 되어 영광입니다.

business, and academia.

I also thank Their Excellencies the Ministers and Ambassadors, the heads of international organizations, the chief executives and senior executives of national and international energy companies, and all the other speakers and panel members who joined us this week.

I am also grateful to all those who have been involved in the organization of the event and made this conference a success.

While they are too numerous to name individually, prominent among them are:

The National Organizing Committee, the President's team, the Secretariat team, the Coordination Committee, CWC, ETF, especially volunteer students.

Ladies and gentlemen

Finally, I would like to thank all presenters and participants who have joined this conference from all over the world.

I would like to share with you some of my personal take aways from the Conference.

The largely single focus on climate change and emissions over the past while, seems to have been brought into balance with issues of security of supply and affordability.

The lingering issues of the pandemic and the Russia-Ukraine conflict resulted in supply chain disruptions, high levels of price volatility, inflation, and concerns around food supply.

또한 정부 공무원과 대사, 국제기구의 수장, 국내 및 국제 에너지 기업의 최고 경영자와 고위 경영진, 그리고 함께 한 모든 연사들과 패널 멤버들에게도 감사드립니다.

또한 이번 대회를 성황리에 마칠 수 있도록 도와주신 모든 분들께 감사의 말씀을 드립니다.

너무 많은 분들이 계셔서 개별적으로는 성함을 거명할 수는 없지만 조직위(NOC), 회장단, 사무국, 조정위원회, CWC, ETF, 특히 자원봉사 학생들에게 진심으로 감사를 드립니다.

신사 숙녀 여러분,

마지막으로, 전 세계에서 이번 컨퍼런스에 참여해 주신 모든 발표자와 참가자들에게 감사의 말씀을 전합니다.

컨퍼런스에서 얻은 개인적인 의견 중 일부를 여러분과 나누고 싶습니다.

과거에는 기후변화와 온실가스 배출에만 주로 관심을 가졌으나, 이제는 에너지 공급 안보 및 경제성 문제와 균형을 가지고 있는 것으로 보입니다.

Covid19 Pandemic과 러시아-우크라이나 갈등으로 인해 에너지 공급망 중단, 높은 가격 변동성, 인플레이션과 식량 공급에 대한 우려가 있습니다.

Despite all these challenges, and as former Secretary General of the UN, Ban Kim Moon stated in his remarks about climate change,

"We have no time to spare. We are fast approaching the tipping point. Urgent action is needed to change the paradigm of our lives, lifestyles and energy uses."

What I heard repeatedly is that the gas industry recognizes that Climate change is one of the greatest challenges facing our global society and our industry will play a critical role in reducing greenhouse gas emissions inclusive of methane emissions,

But at the same time support the building of economies and providing energy security.

What I heard this week, at the highest level is the following:

-We need to accelerate the development of low-carbon and zero-carbon gases.

-We need to strongly advocate for greater coal-to-gas switching with appropriate financial supports in place for developing countries.

-We need to step up our ambition and real action on the reduction of the industry methane emissions.

-We need to invest more resources on technology and innovation for the just energy transition.

-Lastly, collaborate, collaborate, collaborate, across

이러한 모든 도전에도 불구하고 반기문 전 유엔 사무총장은 기후 변화에 대한 연설에서 다음과 같이 말했습니다.

"우리에게는 시간이 없습니다. 우리는 빠르게 전환점에 접근하고 있습니다. 우리의 삶과 생활 방식, 에너지 사용의 패러다임을 바꾸기 위해서는 시급한 조치가 필요합니다."

제가 여러 차례 들었던 것은, 기후변화가 글로벌 사회가 직면한 가장 큰 도전 과제 중 하나이며 우리 가스업계가 메탄 배출을 포함한 온실가스 배출을 줄이는 데 중요한 역할을 할 것이라는 점을 인식하고 있다는 사실입니다.

그러나 동시에 경제개발을 지원하고 에너지 안보를 지원해야 한다는 것입니다.

제가 이번 주에 에너지업계 리더들로부터 들은 것은 다음과 같습니다. 우리는 저탄소와 무탄소 가스 개발을 가속화해야 한다는 것입니다. 우리는 개발도상국을 위한 적절한 재정 지원과 함께 석탄에서 가스로의 전환을 강력하게 지지해야 합니다.

우리는 산업에서 메탄 배출 감소에 대한 우리의 목표와 실제 행동을 강화해야 합니다. 우리는 정당한 에너지 전환을 위해 기술과 혁신에 더 많은 자원을 투자해야 합니다. 마지막으로 회사 간, 국경을 넘어 협업하고, 협업하고, 협업하십시오.

companies, across borders.

Ladies and gentlemen,

Now, after four eventful, extremely challenging and broadly successful years, it is time for me to bid you a fond farewell and say Thank You to all who have made this journey possible.

And, as tradition requires, it is time for me to take a moment and reflect on my term and where the IGU stands as it transitions from one Presidency to the next.

There is a Buddhist saying:

"Do not dwell in the past, do not dream of the future, concentrate the mind on the present moment."

These were good words to guide me through my Presidency.

When I assumed the Presidency of the IGU, the world was very different place.

The IGU, under my Presidency, has weathered a number of unprecedented storms and despite that we have laid a strong foundation on which our Chinese colleagues can continue to build the IGU.

I want to thank the IGU members who contributed countless hours of their time and for their efforts, the Secretariat and Presidential Teams, and the Management Team and everyone who had to get up in the middle of the night or before the sun rose to participate in the long calls and numerous meetings to navigate these difficult times.

신사 숙녀 여러분,

이제, 다사다난했고 도전적이었고 매우 성공적인 지난 4년을 보낸 후, 이제 저는 여러분에게 기쁜 작별 인사를 하고 이제까지 가능하게 해준 모든 분들께 감사의 인사를 전할 때입니다.

그리고 IGU 전통에 따라 저는 잠시 시간을 내어 저의 재임기간과 회장 이임을 하는 IGU의 현 위치를 살펴보고자 합니다.

"과거에 연연하지 말고 미래를 꿈꾸지 말고 현재에 마음을 집중하라."는 불교 속담이 있습니다.

이것은 제가 회장직을 수행하는 데 도움이 되는 좋은 말씀이었습니다.

제가 IGU의 회장직을 맡았을 때 세상은 매우 다른 곳이었습니다.

제가 회장으로 있는 IGU는 전례 없는 수많은 폭풍우를 이겨냈고, 그럼에도 불구하고 우리는 중국 회장단이 IGU를 계속 발전시킬 수 있는 강력한 기반을 마련했습니다.

이 어려운 시기를 헤쳐 나가기 위하여 한밤중이나 해가 뜨기 전에 일어나서 긴 통화와 수많은 회의에 참석해 주신 IGU 회원님들, 사무국, 회장단, 운영 팀, 그리고 모든 분들께 감사드립니다.

I leave confident in the future of our industry because I saw what it can do in the hardest of times, and I was proud to be a part of its global voice.

I saw the commitment of our members, leadership and staff that will ensure the strong role the IGU will play going forward.

I leave you a happy but perhaps a little tired and like to play many hours of golfing and racquetball to revitalize myself.

Lastly, my best wishes to Chinese colleague's success and great fortune in the next just 3 years, not 4 years!

See you all at the next World Gas Conference 2025 in Beijing in writing the next chapter of this great organization!

Thank You and safe travels. 감사합니다. 안녕히 가세요.

저는 가장 어려운 시기에 우리 산업이 무엇을 할 수 있는지를 보았기 때문에 우리 산업의 미래에 확신을 남겼고, 우리 산업의 글로벌 목소리의 일원이 된 것이 자랑스럽습니다.

IGU가 앞으로 수행할 강력한 역할을 보장할 회원, 리더십과 직원의 헌신을 보았습니다.

저는 여러분에게 행복하지만 아마도 약간은 피곤하게 했습니다. 이제는 저 자신을 재충전하기 위해 골프와 라켓볼을 하려 합니다.

마지막으로 4년이 아닌 3년 안에 중국 회장단의 무궁한 발전을 기원합니다!

이 위대한 조직의 다음 장을 작성하면서 베이징에서 열리는 2025년 세계가스회의에서 모두 만나기를 바랍니다!

감사합니다. 안녕히 가세요.

WGC 행사 진행 개요와 WGC2022에 대한 소회

WGC와 같은 세계적인 산업행사를 성공적으로 개최하기 위해서는 IGU 회장 3년의 임기가 암시하듯이 국내외적으로 장기간의 철저한 준비가 필수적이다. WGC는 주제발표 Program과 산업전시 Exhibition을 모두 아우르는 종합 행사이므로 회장은 국내에 NOC(행사조직위원회)를 설립하여 행사를 총괄 조정하도록 한다.

특히 행사 성공의 핵심은 영향력 있고 세계적 역량을 갖춘 인사를 유치하는 것이다. 유치 과정을 전담하는 세계적 용역회사로 CWC가 계약되었다. 그러나 명망 있는 인사들은 Covid19 Pandemic으로 인해 WGC 행사 참여를 주저하고 있어 CWC에 의한 유치 전략은 큰 진척이 없었다.

다행히도 나의 대외활동으로 인적 Network를 확장하고 있어서 직접 면담한 후 별도로 초청된 인사들이 CWC가 유치에 실패한 공백을 대체할 수 있었다. 반기문 사무총장님은 UN 17SDGs(Sustainable Development Goals)의 창시자로 WGC에 초청할 수 있으면 WGC 행사의 반은 성공이나 다름없는 분이다. 그리하여 나는 모든 인연을 동원하여 3번의 간청 끝에 WGC의 간판 Program인 반기문 총장과 Daniel Yergin 박사와의 1대 1 대담 형태인 Open Dialogue의 개설이 가능하였다.

반기문 전 유엔 사무총장님과 함께

반기문 총장님께서 기증한 엠블럼(Emblem)

당연히 이 Program은 WGC의 Highlight였고, WGC의 성공적 개최에 지대한 영향을 주었다. 또한 면담 시 반기문 총장께서 재임 중 재능기부 받은 엠브럼(Emblem)을 WGC 로고로 사용하도록 허가해 주어 외국인에게 인기 있는 기념품이 되었다.

이 글을 빌어 다른 세계 일정을 포기하고 참석한 반기문 총장님의 헌신적이고 애국적인 기여에 큰 감사를 드리고, 주선해 주신 김 숙 대사님에게도 감사를 드린다.

두 번째로 중요한 일은 UN의 15대 기구 중 하나로 영국 런던에 본부를 둔 국제해사기구인 IMO(International Maritime Organization)의 수장이신 임기택 사무총장을 초청하는 것이었다.

참고로 영국이 심혈을 다하여 유치한 UN 산하기구로 영국 여왕이

국제해사기구(IMO) 임기택 사무총장님과

직접 방문하여 격려할 정도라 하였다. 나의 지인인 김성진 전 해양수산부 장관의 주선으로 런던에 있는 해사 본부를 두 번이나 방문해서 직접 면담 요청한 결과 WGC 초청을 승낙하였다. 임기택 총장의 세계 각처 방문 일정으로 비서실에서 불가하다고 전해왔지만 임 총장의 WGC2022 참석은 애국심이 담겨 있는 결정이었다.

특히 IMO는 세계 해양 규제기관으로 2020년부터 선박의 추진엔진 연료로 깨끗한 탈황연료인 LNG로 전환을 장려하고 있었으며, IGU에서도 가스시장 확장을 위하여 수송 부문에 중점을 두고 있었다. 임 총장님의 참석은 IGU 회원들과 가스 산업 종사자에게 큰 희망과 기대를 준 참석이었고, 개인적으로도 영광이고 앞으로 좋은 친구가 되는 계기가 되기를 바란다.

면담 시 국제기구의 수장이 극복해야 할 사항과 고민을 공유하면서 앞으로 더 많은 한국인이 국제무대에 설 수 있도록 최선을 다하자는 다짐도 하였다.

이 두 분은 명실 공히 한국을 세계에 빛낸 자랑스러운 한국인임을 부정할 한국인은 없을 것으로 확신한다.

또 하나 행사의 축은 전시장 운영으로 WGC 재정에 막대한 영향을 끼친다.

전시장 참여사 유치를 전담하는 회사로 호주에 본사를 둔 ETF (Exhibitor & Trade Fairs)와 계약했는데 Covid19 Pandemic이라는 열악한 세계적 환경에서도 우량한 전시 참여 회사들을 유치하여 WGC 행사의 성공에 일조하였다는 평가가 지배적이다.

6장

국제가스연맹 회장 임기를 마친 소회

회장 재임기간 조력자들

에너지원과 환경문제 인식에 대한 끊임없는 변화는 IGU의 대외활동에 있어서도 근본적인 대외 전략의 전환이 요구되었다.

이러한 대외정책 변화의 일환으로 그동안 사무국의 사무총장이 관할하는 홍보 책임자를 회장 직속으로 변경하여, 미국 회장 시절 조정위원회 위원장을 역임한 캐나다 국적이며 그리스계인 Mel Ydreos을 공개경쟁으로 홍보 책임자(Public Affairs Director)로 선임하였던 이유이다.

전통적인 행정체계의 변화는 어느 조직이든 기득권의 심각한 저항에 직면하게 된다. 더구나 사무총장인 스페인 국적의 Luis Bertran는 영어 소통 능력 부족으로 사무총장 능력에 공개적 도전을 받아오던 상황에서 더 이상의 양보는 사무총장의 직무 범위의 심각한 축소로 생각하였다.

이 두 사람의 불신 관계는 나의 회장직 수행에 득(得)보다는 실(失)이 훨씬 많았다. 왜냐하면 국제기구는 다양한 문화적 배경을 가진 다국적자들로 구성되어 구성원 사이 화합적 분위기 조성이 회장직의 순탄한 수행에 필수적 요건이기 때문이다.

대외 홍보 역할 기능의 재조정은 IGU 집행위원들 간에도 공동으로 중요하게 인식하고 있는 사안이라서 사무총장도 큰 저항 없이 결국에는 필자의 안을 수용했지만 이후 사사건건 발목을 잡는 사건이 빈번해졌다. 이에 대한 위로의 일환으로 Luis Bertran에게는 스페인어가 통용되는 멕시코, 남미지역 홍보와 대외활동 책임을 맡기고 다른 지역은 필자가 Spokesperson되는 타협안으로 해결하였다.

이러한 협상 과정에서 느낀 점은 문화와 언어가 다양하고 구성원이 빈번하게 바뀌는 국제기구에서는 막연한 미래의 약속보다는 확실하고 실질적인 'Give and Take'만이 해결책이라는 것이다.

사무총장과 필자는 취임 초기 끊임없는 밀당(push & pull)이 있었지만, 서로의 관계가 재정립된 이후에는 좋은 친구와 파트너 관계를 유지해 왔다. 여기서 본인의 회장기간 동안 업무를 같이 추진한 주요 인물들을 소개하고자 한다.

대외홍보담당 Mel Ydreos

첫째로 Mel Ydreos은 캐나다가스연맹 회장을 역임하고 미국, 캐나다의 연합 전략으로 2015~2018년 미국 회장 탄생에 큰 공헌을 하였다. 미국 회장 재임 시기에는 오랫동안 가스 관련 산업에 종사한 경험으로 전문위원회 총괄 의장과 IGU 대외홍보(Advocacy)의 초석을 구축하였다.

또한 2018년 중국 회장 선출 시 주경쟁자로 출마하여 고배를 마셨지만, IGU 내에서는 실력과 능력을 인정받고 있다.

이러한 Mel Ydreos을 홍보 책임자와 연설문 작성자로 본인 곁에 둔 것은 큰 행운이었다. Mel은 정책적으로는 전통 가스 옹호자라서 신재생에너지인 수소를 찬양하는 독일을 중심으로 한 유럽 진영과는 대립되어 여러 번 사퇴와 번복을 거듭하였지만 한국 회장직 수행에는 큰 기여를 하였다.

일련의 사건 해결을 위하여 Mel Ydreos와는 필자의 메신저로 편하게 의견 교환을 할 정도로 많은 조언을 해주었다.

참고로 IGU에서는 공식적인 커뮤니케이션을 위해서는 이메일을 사용하고, 일대 일의 의견 교환을 위해서는 Whatsapp을 사용하여 업무 협의를 진행한다.

Mel Ydreo와의 Whatsapp 활용 업무협의 내용

Joe: Mel, personally I admire your resilience and patience to be sided with your critically ill mom in that long period. In old saying there is no good son and daughter to long hospitalized parents with fatal illness. Wish to share time to comfort you if living near to you. Be keen care in being healthy.

Joe: I hope you recovered for strength by this time. Need to talk in morning of tomorrow to discuss Khalid favor for IGU to engage in the regional forum initiated by Egypt.

Mel: I spoke with Udi Adiri about the importance of IGU participation in the Forum and in regional efforts. He agreed and was positive. I do not know the extent of the impact on the upcoming meeting, but there is certainly an understanding of the importance of IGU.

Mel: Message back from Israel about the forum

Joe: I guess you are on the way to Abu Dhabi. Hit Yergin accidentally in the same hotel we staying and shared a very brief talk about WGC2021 open dialogue. Seems very positive response and you can conclude his engagement to WGC2021

Mel: Just got here ! See you in the AM

Joe: Topic of the panel is strategic priorities of international energy cooperations. It might be off start saying that I want to address this agenda on the perspective of energy transition which is currently the top strategic priorities of global cooperations in energy communities

Joe: Re. AGA letter, it goes a little too far as this task was initiated by US presidency and leaded by US chair, and then this position was setup. IGU just reminded. what we have agreed and kept aligned.

Mel: I think we keep it simple. David Carroll was the signatory to the Guiding Principles. They have an issue with process which is fine, and perhaps they would have convinced me not to issue. So accept the concern over process. If we try and please everyone we will have nothing to say.

Joe: Being silent while opening the ear is often the best strategy.

Mel: Channel 24 asked me if you are available for an on camera interview

Mel: Questions:

- gas consumption in Europe, Asia and other regions in 2020
- new pipelines in Europe-factor of sustainable supply or energy dependence
- regarding to clean energy-whcn gas will become a leading

energy source comparing to oil, for example?

Mel: I can prepare answers if you are interested

Mel: Channel 1 is the main channel by these guys are covering the Moscow Energy week so it would be a remote on camera interview

Joe: Better to prepare. Thanks Mel

회장 고문 Terry Thorn

두 번째는 Terry Thorn라는 미국인이고 직함은 회장 고문으로 채용하였다. 한국은 IGU와 같은 회장이 CEO인 국제기구 수장을 역임한 경험이 거의 없어서 회장 지원 방안도 한국식 의식과 관습의 틀 안에서 지원되었다.

필자에게 IGU 회장은 서울대 교수 정년퇴임 이후 Reset된 인생 2막이어서 봉급은 사양하고 회장직 수행에 필요한 것만 요청하였다. 그러나 매일 수십 통씩 들어오는 이메일과 답신은 본인의 시간과 능력을 초과하였다. 이러한 어려움을 도움 받기 위하여 영어에 능통한 비서를 요청했지만, 한국가스연맹의 실질적 운영자인 한국가스공사는 경비를 이유로 일언지하에 거절하였다.

한국가스공사 통역사도 경비 때문에 파트타임으로 일하고 급여수준도 반 정도라는 사실을 뒤에 전해 들었다.

마침 김철수 장관 산업통상부 시절 외국 통역사를 장관 비서실에 특별 채용한 적이 있었지만, 아직 국제기구 회장 지원에 대한 의식 결여와 인색(吝嗇)함이 현실이었다. 대안으로 Enron 한국 합자회사의 수석 부회장을 역임하고 유년기에 미군정에서 일하던 부친과 함께 한국에서 살았던 칠순의 Terry Thorn을 물색하였다.

Terry는 미국 회장 시절 WGC 2018 프로그램을 검토하고 IGU 최고 인기 간행물인 LNG 보고서 발행의 간사 역할을 하고 있었다. 이런 경력의 소유자를 고문으로 두고 회장직을 수행할 수 있다면 정말 안심이 될 것 같았다.

Terry에게 연봉 8만 달러에 저를 도와 줄 수 있는지 돌격적으로 간청하였다. 결국 4만 달러는 한국 회장국이 지원하고 나머지는 사무국에서 외부 자문료로 지급하던 예산을 전용할 계획이었다.

뜻밖에도 나의 요청이 받아들여져서 PAG 간사 등 회장 업무 중 어려운 고비마다 도와주는 필수적 조력자 역할과 영어 표현의 가정교사가 되었다. 특히 집행위원회, 총회에 상정될 의안의 가결 여부를 탐색할 필요가 있는 경우 집행위원들의 분위기 파악은 회의 의장에게는 필수적이다. 이때마다 나는 Terry에게 같은 문화권의 집행위원들과 개별 접촉을 권유하여 여론 탐지는 물론 회장인 나의 의중을 상대에게 전하는 메신저 역할을 부탁하였다.

이러한 Terry의 역할은 필자의 IGU 회장직 수행에 크게 도움이 되었다. 이런 그의 역할 때문에 현 집행위원이 아닌 Terry를 PAG 간사로 임명한 것은 IGU 관례상 파격적이었다.

당연히 전용과정에서 Luis Bertran 사무총장의 재정적 동의는 필수적이다. 그러나 전에 사무총장이 임의로 지급하던 자문비의 부당성을 지적하면서 해결되었다.

'Terry와 Mel Ydreos의 조력 없이 IGU 회장직을 성공적으로 마칠 수 있었을까?' 하는 질문에는 분명히 'No.'라고 말할 수 있다. 이러한 측면에서 국제기구 수장직의 수행은 다양한 전문성과 상이한 문화를 갖춘 인적 네트워크의 집합적 조력이 절대적으로 필요하다.

이들과 더불어 회장 재임 기간 각별히 정성을 들여서 구성한 인사들을 소개한다. 이들과의 협업이 없었다면 난관에서 좌초된 안건도 많이 발생하였을 것이다.

노르웨이 Paul Rasemen

노르웨이는 전통적인 수산업 국가의 유럽 최빈국에서 1970년대 북해의 석유 발견으로 최고 부유국가로 격상되었다. 석유 수출로 축적된 자금은 600만 명 미만의 자국민의 생활을 백 년 동안 지원할 수 있는 규모라고 한다. 전력은 90% 이상을 수력으로 발전하고 자국에서 생산된 석유·가스는 거의 전부 수출하는, 에너지 관점에서는 천국(Utopia)이나 다름없다.

노르웨이산 가스는 유럽 가스 수요의 4분의 1을 차지한다. 이런 부유한 나라에 유럽 각국에서 흔히 목격되는 이민자는 거의 없었다. 낮은 봉급 수준과 높은 교육비와 보험료가 이민자 진입의 장벽이라 한다. 다시 말해 자국민에게는 무상으로 교육비와 보험료를 지원하는 반면, 적은 봉급과 높은 보험료와 교육비 등의 생활비는 고차원의 이민 장벽임이 확실히 입증되었다.

Norway 최대 석유회사인 Statoil이 개명한 Equinor는 BP와 함께 북해 유전의 양대 개발회사이다. Equinor의 자회사 부사장을 역임한 Paul은 Luis Bertran 직전 사무총장으로 나의 회장 재임기간 동안 든든한 조력자였고 친구였다.

참고로 Equinor는 6년 동안 IGU 사무국을 Oslo에 유치하여 비교적 후원회사의 큰 입김 없이 지원하였다.

Paul은 Pandemic 위원회, Andy Calitz 퇴출 등 나의 도전의 순

Equinor CEO와의 만찬

간마다 지원 강도의 차이는 있었지만, 나의 의견을 지지하였다. 이를 인연으로 Paul은 새로운 모습의 영국 런던에 위치한 자립 자율형 사무국의 초대 사무총장으로 공모에 응하겠다는 의지를 타진해 왔다. 나는 원칙으로 동의하고 Paul이 제시한 Equinor자회사의 재정적 지원과 요구조건이 담긴 Package를 검토하고 운영위원인 Luis Bertran, David Carroll, Li Yalan과 사전 협의하였다.

Li Yalan은 Equinor의 재정 지원책을 포함해 적극 찬성하고, Luis Bertran는 중립, David Carroll은 절대 반대였다. David Carroll과 Paul은 2015~2016년 동안 회장과 사무총장으로 같이 IGU를 운영할 때 순탄치 않았던, 신임 회장과 고참 사무총장의 관계가 이유였던 것 같다.

IGU 신임 사무총장 공모 절차는 이미 시작되었다. 중간에 백지화하고 Paul을 영입하는 것은 대외적으로 IGU 위상에 부정적인 영향을 줄 것이 자명하여 대안으로 Paul을 공모 Pool에 넣어 공개경쟁으로 선정위원들이 선택하도록 하였다.

공모 최종 3인으로 Andy Calitz, Mel Ydreos, Paul 중의 선택으로 단순화되었지만 Mel Ydreos은 일신상의 이유로 Paul은 공모 절차상의 이유로 사퇴하였다. 이와 같이 국제기구에서 영향력 있는 자리는 국력과 개인 능력에 따라 결정되지만 사소한 예전의 갈등도 중요한 요인이 된다는 것을 확인할 수 있었다. 아무튼 Paul과의 인연으로 Norway 방문 시 Equinor CEO, 전직 에너지 장관 등 많은 주요 인사들을 만날 수 있었다.

미국 집행위원 Dave McCurdy

WGC2018 조직위원장인 Dave McCurdy는 전직 미국 하원 정보위원장으로 오바마 정부에서 AGA 회장으로 선출되어 2011년 IGU 총회에서 한국을 제치고 WGC2018을 미국으로 유치한 정계 실력자였다. 우연하게도 2017년 도쿄 총회에서 만나 대화하던 중에 내가 미국 Oklahoma 대학에 유학을 가던 해에 그는 Oklahoma 대학이 위치한 작은 도시 Norman에서 미국 하원의원을 시작으로 정계에 진출하였다는 사실과 그가 한국 오산에서 공군 장교로 복무했다는 인연에 크게 공감하면서 좋은 친구와 조언자로 발전하였다.

첫 번째 대화에서 가장 인상적인 말은 IGU는 가스 산업의 Platform이므로 회장이 되면 장기적이고 거시적으로 운영하라는 조언도 하였다. 이와 같이 서로 만나서 대화하면서 자연스럽게 발견된 사소한 인연도 넓은 국제사회에서는 좋은 친구로 획기적으로 발전된다는 사실에 감명을 받았다.

Trump 정부가 출범한 2019년에 AGA 회장에 선출된 Karen Hurbert은 전형적인 공화당원 출신으로 미국 최우선(America First) 정책을 IGU 모임에서도 일관적으로 추진하였다.

나는 두 번의 직접 면담으로 당시 WGC2022 행사 연사로 초청할 때 즉석에서 승낙할 정도로 회장 재임기간 동안 비교적 우호적 관계를 유지하였다.

IGU와 같은 국제기구는 명목상 산업협회이지만 미국, 중국, 유럽, 그리고 러시아가 회원국으로 포함된 기관은 예외 없이 정치의 장으로 변색되는 것이 엄연한 현실이다. 이러한 국제 현실에서 한국 출신 회장은 거대한 고래 등에 낀 새우의 처지이지만, 긍지와 소신으로 일관성 있게 처신하면 고래들도 새우가 필요하기 때문에 협업할 수 있는 가능성을 발견할 수 있었다는 점이 회장 4년의 주요 보람이다.

호주 Graeme Bethune

호주의 인구는 약 2,600만 명이지만 세계 최대의 자원 공급국으로 특히 2021년에는 Qatar를 제치고 세계 최대 LNG 수출국을 기록하였다. 한때는 한국이 최대 자원 수입국이 되어 동력자원부 장관dl 방문했을 때 호주 총리가 공항까지 나와 영접을 했다는 일회도 있다.

IGU에서도 호주의 위상은 이미 집행위원으로 오랫동안 활동하면서 상당한 영향력을 발휘하고 있었다. 그리하여 세계 인구 반 이상과 LNG 수요 시장의 80%가 아시아인 점을 강조하여 아시아의 지역 책임자(RC)를 1명에서 2명으로 늘려서 배당하여 호주는 중국, 일본,

한국, 타이완을 관장하고 말레이시아는 인도, 인도네시아, 베트남, 태국 등 동남아시아 지역으로 양분하는 의안을 집행위원회와 총회에 제출하여 약간의 저항은 있었지만 통과되었다.

호주의 가스협회장은 Graeme Bethune은 호주 정부의 관료 출신으로 외교적인 성품과 가스에 대한 전문 지식으로 집행위원회에서 발언할 때 상당한 공감을 받았다. 이런 분을 아시아 지역 책임자로 임명하여 한국 회장의 우호세력으로 관리하였다.

회장 임기 동안 Pandemic 자문그룹, Andy Calitz 퇴출, Taiwan 의안 등의 험난한 시점마다 큰 도움이 되었다. 그는 나의 회장 퇴임과 동시에 호주가스협회장을 사직하고 자유인으로 제2의 인생을 시작하였다. 회장 기간 동안 그의 도움에 진심으로 감사드리고, 앞으로 펼쳐갈 인생 여정에 건강과 행복이 가득하기를 기원한다. 특히 그의 취미인, 부인과 함께 하는 장거리 여행에도….

IGU 회장직 퇴임 소회

2017년 7월 정부는 필자를 IGU 부회장으로 IGU에 추천하여 IGU 운영위원회의 개별면접과 그룹면접을 통과한 후 그해 10월 도쿄 총회에서 승인을 받았다. 2018년 6월 미국 워싱턴 총회에서 IGU 회장직을 맡으면서 한국인으로서 세계 강대국인 미국, 중국, 러시아, 유럽 국가들과 글로벌 에너지 회사들이 포함된 조직에서 의견을 조율하고, 가스 산업을 대외적으로 대표하는 회장직을 수행한 것은 개인적으로 매우 힘든 자리였지만 반면 영광스러운 자리였다.

참고로 통상 3년간의 부회장 기간에 IGU 관습과 회장 리더십 수련을 받지만, 나는 전임 부회장의 사퇴로 불과 7개월의 속성 과정으로 IGU 회장에 취임하여 영광보다는 걱정이 앞섰다.

에너지 분야를 전공하고, 30년간 후학들을 지도했던 에너지 분야의 교수와 학자 출신으로 국제 가스 산업의 미래와 관련 기업들의 협업을 직접 주도적으로 관여할 수 있었다는 점에서 큰 보람을 느낀다. 한국 출신의 IGU 회장으로서 리더십을 발휘하기 위해서는 협업과 화합의 조직관리가 필요하였지만 필자에게는 생소한 능력이었다.

이러한 능력의 개발은 직접 국제기구 또는 국제화된 조직에서 체험으로 습득할 수 있기 때문에 미래에 국제기구에 관심이 있는 젊은 인재들은 지금부터 국제기구 진출의 기회를 탐색해야 할 것이다.

한국인의 국제기구 진출은 영어 소통능력과 인식 부족으로 선진국에 비하면 아직 열악한 수준이다. 국제 공적기구의 고위직에는 구조적으로 국가 공무원들이 자신의 업무와 관련하여 일정기간 동안 파견되는 경우는 있지만, 연속적인 근무는 아직 제한적이다. 이미 국제적인 활동을 하고 있는 민간 또는 전문가들도 자신이 몸담고 있는 분야의 국제기구 고위직에 진출할 수 있다면 우리나라의 Globalization 속도는 매우 가속될 것이다.

지금은 세계적으로 기술과 경영이 융합되는 세상이 되어가고 있다. 그래서 특히 이공계 학생들의 경우 그 기술을 세계적 상품으로 만들 수 있도록 독창적인 기술력과 세련된 언어 소통 능력이 필요한 시점이다.

IGU 회장 취임 후 가장 간절히 몸소 느끼는 것은 국제사회에서는 언어를 통하여 자기의 능력이 인식되고 인정된다는 점이다. 또한 지식정보 사회에서는 자신의 지식과 정보를 논리 정연하게 정리하는 능력 또한 중요하다.

국제기구들이 유럽 중심에서 아시아 등의 국가로 옮겨 본부나 사무소를 두는 기구도 크게 늘어나고 있다. 세계를 무대로 활약하고자 하는 젊은이들은 우리나라에 살면서도 국제무대에서 일하는 것이 가능해졌다.

1999년에 불과 5개였던 국내 국제기구가 2017년에는 60개로 증가하였다. 우리나라에 둥지를 둔 대표적인 국제기구로는 녹색기후기금(GCF, 인천 송도), 유엔인권사무소(UNOHCHR), 세계자연기금(WWF), UN거버넌스센터(UNPOG), 세계은행(World Bank), 글로벌녹색성장연구소(GGGI, 서울 정동), 세계과학도시연합(WTA, 부산), 세계백신연구소(IVI, 서울대) 등이 있다. 국내에 있는 이러한 국제기구에서 일하면서 UN 등과 같은 해외 본부에서도 일할 수 있는 디딤돌을 쌓을 수 있는 좋은 기회가 많이 있다.

한편 국제기관에서 지도자급의 진출 기회를 더욱 확대하려면 인식과 편견, 그리고 교육과 지원체계가 개선되어야 한다. 국제기관에서 한국인 출신이 전문적, 고급 관리직에 진입하기 위해서는 본인들의 엄청난 노력과 높은 장벽을 뛰어넘는 각오가 없이는 불가능하다. 그리고 이들의 숫자가 증가하면 할수록 우리나라의 국력은 상대적으로 향상되게 된다.

이제 모든 대학은 전문 지식의 습득장이라는 문과, 이과의 칸막이 교육이라는 고정 개념에서 벗어나 젊은이의 장래의 선택을 확대하는 능력을 배양하는 방향으로 교육 체질을 개선해야 한다. 세계의 글로벌화 트렌드에 맞추어 시간적으로는 작은 공간(Small World)이 되면서 언어 소통 능력은 세계인의 필수 불가결한 소양이다. 그리하여 대학 곳곳에 영어 영화관, 토론장 등 학습장이 제공되어야 한다.

또한 한국인이 국제기구의 수장이 되는 것은 개인의 영광보다는 국력과 관련 전문 산업 분야의 위상을 제고하는 절호의 기회이다. 그러므로 관련 산업 집합체와 정부는 열린 마음으로 후원하고 선출된 당사자가 국제기구에서 한국의 위상을 더욱 높일 수 있는 제도적 장치 마련과 의식의 전환이 시급하다는 것이 본인이 IGU 회장기간 동안 느꼈던 소회이다.

끝으로 옛말에 "행운은 준비된 자의 몫!"이라는 말이 의미하듯 전문분야에 대한 충분한 지식, 열정(passion)과 끈기(persistence)의 정신으로 최선을 다했다고 자부한다. 세계적 격동기에 IGU 회장직을 수행하면서 가장 필요한 마음가짐을 나타내는 단어는 '열정과 끈기(passion and persistency)'라고 할 수 있다.

공부, 학업, 외국어, 스포츠 등을 막론하고 자기 능력 확충에 열정과 끈기가 필수적이다. 또한 꿈을 크게 가지고, 그 꿈을 이룰 때까지 끝까지 놓치지 않고 집중하는 것이다. 영어로 말하면 'Be Persistent'이다. 영어 표현의 'hang in tough'처럼 끝까지 꼭 잡고 있을 때 성공을 달성할 수 있다는 믿음이다.

그리고 어느 한 순간의 큰 기쁨과 영광이 인생의 큰 흐름에 반드시 좋은 것은 아니고, 때로는 고난이 자신을 더 높여주고, 더 강하게 만들 수 있기 때문에 어느 한 순간의 고통은 슬기롭게 극복해야만 더 큰 영광이 온다는 점을 잊지 말기 바란다.

필자의 작은 경험이 담긴 이 책이 글로벌 무대로 진출하고자 하는 젊은이들에게 길잡이가 되기를 기대해 본다.

국내 에너지산업에 대한 제언

석유(石油) 생산량은 80% 이상 국제적으로 거래되는 상품(commodity)으로서 거의 150년 이상 인류의 주요 에너지원으로 함께해 왔다. 2022년 에너지원의 사용 현황을 보면 석유 32%, 석탄 28%, 가스 25%, 원자력과 신재생에너지가 나머지를 차지하고 있다.

IEA 사무총장을 역임한 일본의 Tanaka Nobuo 박사는 2019년에 Oil Peak가 이미 도달했다고 단언하였다.

에너지원은 산업사회의 주요 기간산업 엔진(engine)이므로 일단 정착되면 퇴출하는 데 상당한 기간이 소요된다. 석탄은 300년 이상, 천연가스 60년 이상 인류의 주요 에너지원으로 소비되어 오고 있다.

필자는 미래 에너지원은 환경 친화적이고 경제적, 기술적으로 접근 가능한 조건이 충족되어야 한다는 점에서 어느 한 순간에 출현되지 않는다고 믿는다.

이런 관점에서 현재의 에너지원들은 미래 에너지원의 출현 시기에 따라 60~100년 이상의 퇴출기간이 연장될 수 있다. 대안 없는 파괴적 변화보다는 지구 환경과 인류의 삶이 수용할 수 있는 속도로 진행하는 것이 순리적인 선택인 것 같다.

우리나라도 영국처럼 확충되는 신재생에너지는 석탄 발전 퇴출에 우선적으로 할애해야 할 것이다.

그런 측면에서 현 정부가 추진하는 신재생에너지, 원전, 가스의 포트폴리오 에너지 믹스 전략은 에너지원의 98%를 수입하고 있는 우리에게는 합리적 결정이다. 천연가스는 화석연료 중에서 이산화탄소와 미세먼지 배출이 가장 적어 10년 전에 비해 국제 거래량도 크게 증가하여 지역적으로 결정되는 가격구조에서 최근에는 국제적 표준 가격으로 수렴되고 있다.

거래 가격은 수송방식에 따라 큰 차이를 나타낸다. 파이프라인에 의한 거래는 총 국제거래량의 60%, LNG는 40%이다. 일반적인 Rule of Thumb으로는 수송거리가 3,500km가 넘으면 LNG 거래가 경제적이라고 한다. PNG는 초기시설 비용은 막대하지만 운영비용이 적은 반면, LNG는 액화 특수선, 기화시설 등 초기투자와 운영비가 고가여서 통상적으로 MMbtu당 3~4U$의 높은 수준으로 가격이 결정된다.

최근에 발표된 IEA 보고서에서도 에너지원 중 상승 기울기를 나타내는 에너지원은 신재생에너지와 천연가스라고 인정하고 있다. 위에서 설명한 것처럼 에너지원은 국제적으로 거래되는 상품이고 가격과 공급구조가 다양하고 급변하므로 우리나라처럼 공기업 체제로 운영하기에는 한계에 도달하고 있다.

자원 생산국과 후진국을 제외하고 에너지원을 공기업 틀에서 관리하는 나라는 한국밖에 없다.

2003년 일본의 에너지기본법에 근거하여 우리나라도 2004년 에너지기본법을 제정하였다.

당시에는 우리나라 발전원별 구도는 80% 이상의 석탄과 원자력 기저발전과 천연가스의 첨부 발전 형태였다. 석탄 발전 건설에 5~8년, 원자력 발전 건설에 10년 정도 소요되는 일정에 근거한 비교적 단순한 정책 구조이므로 법의 형태로 관리가 가능하였다.

그러나 현재는 석탄 발전의 퇴출은 기후변화의 명제에서 시간문제이고 가스와 신재생에너지에 의한 발전은 거역할 수 없는 세계적 물결이다. 석탄을 대체하는 가스발전 설비의 증설은 2~3년의 단기간에 건설이 가능하기 때문에 발전 운영비의 80% 이상을 차지하는 천연가스 구입비용과 공급체계 확립이 천연가스 발전의 핵심이다. 국제 가스 공급시장에서는 각종 규제의 공적감시를 받는 공기업에 의한 공급체제로는 구입가격 경쟁력을 확보할 수 없고 또한 급변하는 시장에 신속하고 능동적으로 대처할 수 없다.

이러한 에너지 전환기에 국제에너지시장에서 협상력과 경쟁력을 동시에 확보할 수 있는 방안은 천연가스 공급체계의 보다 적극적인 다양화 추진이다.

이를 실질적으로 추진하기 위해서는 저장시설과 공급망 시설을 거의 독점하고 있는 공기업과 신규 진입사업자 간의 공정한 시설 사용과 비용 분담이다.

이러한 제도는 오래 전부터 연구되어 왔으므로 공급망 분배의 범위와 추진속도를 관련 부처는 조속히 결정하는 것이 에너지원 시장의 안정과 건강한 공급 구조로 가는 지름길일 것이다.

그리고 차제에 에너지기본법에 따라 수립되는 전력수급계의 실효성과 필요성은 철저히 검토할 시기가 왔다고 생각된다. 국제에너지원 시장에서 결정되는 소비재를 국내에너지 기본법으로 관리하는 국가는 우리나라밖에 없다. 일본도 발전사를 포함한 에너지 기업들은 민영화되고 시장경제에 반응하므로 에너지기본법은 실질적으로 사문화된 지 오래되었다.

오늘을 살아가는 현대 인류에게 에너지는 현실의 문제이다. 즉 우리에게 필요한 에너지를 제 때에 안정적으로 공급하지 못하는 경우 그 피해는 우리의 일상을 넘어 국가적인 피해로 이어진다.

따라서 이제는 세계 에너지시장의 수요·공급 상황과 관련 기술 발전 속도에 좌우되는 에너지 문제가 정치 도구화되어 탈(脫)원전, 탈(脫)석탄 등 자극적인 단어들이 에너지 토론장에서 사라졌으면 하는 바람으로 이 책을 마무리한다.